资源型城市转型效果评价
与预测研究

刘晓萌　著

中国商务出版社

·北京·

图书在版编目（CIP）数据

资源型城市转型效果评价与预测研究 / 刘晓萌著

. -- 北京：中国商务出版社，2023.11

ISBN 978-7-5103-5009-2

Ⅰ．①资… Ⅱ．①刘… Ⅲ．①城市经济－转型经济－

研究－淮南 Ⅳ．①F299.275.43

中国国家版本馆CIP数据核字(2023)第232008号

资源型城市转型效果评价与预测研究

ZIYUANXING CHENGSHI ZHUANXING XIAOGUO PINGJIA YU YUCE YANJIU

刘晓萌　著

出　　版：	中国商务出版社		
地　　址：	北京市东城区安外东后巷28号	邮　编：	100710
责任部门：	发展事业部（010-64218072）		
责任编辑：	陈红雷		
直销客服：	010-64515210		
总 发 行：	中国商务出版社发行部（010-64208388　64515150）		
网购零售：	中国商务出版社淘宝店（010-64286917）		
网　　址：	http://www.cctpress.com		
网　　店：	https://shop595663922.taobao.com		
邮　　箱：	295402859@qq.com		
排　　版：	北京宏进时代出版策划有限公司		
印　　刷：	廊坊市广阳区九洲印刷厂		
开　　本：	710毫米×1000毫米　1/16		
印　　张：	11	字　数：	150千字
版　　次：	2023年11月第1版	印　次：	2023年11月第1次印刷
书　　号：	ISBN 978-7-5103-5009-2		
定　　价：	78.00元		

凡所购本版图书如有印装质量问题，请与本社印制部联系（电话：010-64248236）

前　言

由于资源型城市在我国国民经济与社会中占有重要作用，关系到我国上百个城市、近亿位居民的就业与生活，影响到我国缩小贫富差距，促进资源型城市生存与发展，保障资源型城市的社会稳定和实现国家战略目标等重要问题。本书综合运用文献分析、实证分析、概率统计、信息熵、结构方程模型、参数估计、假设检验、集成学习、经济计量以及时间序列理论与方法，对资源型城市转型效果、转型机理以及发展趋势展开预测与评价，并以安徽省淮南市为实证研究对象，针对安徽省淮南市城市转型发展提出相关建议。主要研究内容如下：

第一，通过文献分析，首先梳理资源型城市、资源型城市转型、资源型城市比较优势、资源诅咒等概念。其次，分别给出资源型城市转型效果评价体系、转型效果评价方法、转型路径与机理以及转型发展预测模型的相关理论背景。再次，综合运用信息熵、支持向量机、BP神经网络等理论，构建资源型城市转型效果集成模型，分析、比较不同构成要素对资源型城市转型效果的影响程度。最后，根据城市发展评价的不同理论，收集安徽省淮南市的相关产业发展与资源要素的数据，完善资源型城市转型效果评价的原始数据，并根据资源型城市转型效果集成评价模型，对安徽省淮南市资源型城市转型展开实证研究。

第二，基于集成学习的资源型城市转型发展的综合评价指标体系，结合文献分析中关于资源型城市转型的影响因素的分析结论，运用假设检验、结构方程、潜变量路径分析等基本理论与方法，提出资源型城市转型发展主要路径假设，构建资源型城市转型效果评价的 EM-SEM 转型发展驱动模型。根据构建的 EM-SEM 转型发展驱动模型，运用参数估计和假设检验的方法对资源型城市转型发展路径及传播机理进行检测，比较资源型城市转型发展路径关系及其作用大小，从而确定安徽省淮南市资源型城市转型发展路径。

第三，根据上文 EM-SEM 驱动模型分析的资源型城市转型发展路径，运用时间序列分析的理论与方法，从城市经济发展的惯性视角来分析构建资源型城市转型发展的 SEM-ARMA 预估模型。通过资源型城市转型路径的平稳性、相关性、自相关性、白噪声等检测，运用差方分析、延迟算子等方法测算各主要要素在城市转型未来发展中的作用以及城市未来发展效果，测算出安徽省淮南市城市转型发展的未来效果。

第四，根据城市转型发展评价效果、作用机理以及预估效果，分别从优化产业结构水平、提升经济发展实力、提高资源利用与保护水平以及加强生态环境保护四个维度，针对安徽省淮南市城市转型发展提供相关建议。

因此，本书分别构建了基于集成学习的资源型城市转型发展综合评价模型、基于 EM-SEM 的资源型城市转型发展机理模型、基于 SEM-ARMA 的资源型城市转型预估模型，并以安徽省淮南市为例进行实证分析。根据资源型城市转型发展效果、资源型城市转型发展机理、资源型城市转型发展预测结论，结合淮南市城市基本特征，提出促进淮南市转型发展的相关建议。

目　录

I

第一章　绪　论

第一节　研究背景

根据世界银行发布的资料显示，20 世纪人类消耗的石油资源总数为 1420 亿吨，消费的煤炭资源的总数量超过 2650 亿吨，钢铁的消耗量为 380 亿吨，消费的铝总数量为 7.6 亿吨亿，消费的铜总数量为 4.8 亿吨。这些庞大的能源消费导致二氧化碳浓度从 20 世纪初始的 300ppm（百万分率）上升到当前的 400ppm 水平，并且该数据仍在上涨，其显著地威胁到了生态平衡。根据国际环境组织预测，在 21 世纪中叶，即 2050 年左右，世界经济规模要比现在高于 3~4 倍，而以碳为基础的能源资源（主要包含：煤炭、石油、天然气）在 21 世纪中叶大约占到全球能源资源的比重超过 85%，因此，该组织称 21 世纪中期人类面临着更加巨大的环保压力。当前，国际社会解决全球变暖问题的途径与合作机制日渐明朗，从《联合国气候变化框架公约》到《京都议定书》再到《哥本哈根协议》，经济转型发展成为世界各国经济发展必然选择，而资源型城市的转型发展将成为其中重中之重。

根据当前国务院印发的，即我国政府关于资源型城市可持续发展规划的相关文件，《全国资源型城市可持续发展规划（2013 - 2020 年）》规定（以下简称《规划》）明确规定资源型城市发展为四个主要阶段，即分为成长型、成熟型、衰退型和再生型四个阶段，并且为其发展给出方向性指导。《规划》

1

明确指出按照不同城市类型，对我国资源型城市发展而言具体发展方向为：规范成长型城市有序发展，推动成熟型城市跨越发展，支持衰退型城市转型发展，引导再生型城市创新发展。其中，对衰退型城市，即那些资源趋于枯竭、经济发展滞后的资源型城市，该规划明确确定支持该类型城市必须进行经济转型。对城市转型而言，属于经济学发展的中观层面，一般是从产业转型视角来促进城市转型，其是城市转型的重要实现方式，一般是从旧的依靠资源型产业为主的产业布局转向以科学的现代服务业为助推器的新型产业结构。根据上面分析，本书将资源型城市转型进一步明确为资源衰退型城市的转型，即资源衰退型城市通过调整产业布局，依靠技术、服务、管理与制度等相关因素的创新，发展新型的产业结构，实现经济可持续的发展过程。由于我国城市化、现代化进程加快，对能源资源的需求进一步扩大，而资源型城市作为一种主要依存于资源能源需求增长而形成的一种特殊城市，在新中国成立初期为国家建设做出了巨大贡献。现阶段，随着经济新常态的发展，许多资源型城市面临着矿产资源枯竭、生态环境破坏、经济体系不合理、经济发展动力不足等一系列问题，使得我国资源型城市面临减排约束与能源消费形势严峻的双重压力，具体表现为：

一、高新技术产业水平相对较低

一方面，由于我国资源型城市工业技术水平相对我国非资源型城市或者西方发达国家的资源型城市较低，资源型城市整体的能源生产与利用效率不高，能源的低碳利用与研发水平比较低，绝大部分资源型城市产业结构不合理、产业链层次较低、产业附加值不高、高新技术产业体系不完善、产业体系相对比较薄弱等问题突出，许多高新技术往往集中于沿海开放、发达的城市，资源型城市拥有的高新技术产业相对比较少，科技水平整体较落后。另一方面，尽管根据《气候变化框架公约》等相关国际公约或者法律法规要求，提倡或者间接要求西方发达国家和地区在世界环境保护过程中有义务向发展中国家和地区提供一定技术转让或帮扶，但是在世界经济发展过程中，由于国际贸易政策或者技术等相关要素的作用，发展中国家和地区在进行交易时往往需要直接或间接的购买各种低碳技术。例如，我国每年需要投资大量的资金解决高碳经济向低碳经济转型问题，其中资源型城市地方政府在财政支出比例往往高于非资源型城市，这势必进一步增加资源型城市的转型压力。

二、环境污染与治理相对严重

近年来，随着国民经济的快速发展，相关部门或产业在面临环境治理的压力越来越大，环境污染与人民对美好环境追求之间的矛盾问题也越来越突出。对资源型城市来说，由于传统产业结构或产业经济运行习惯，导致资源型城市相对一般的城市而言废气、废水和废气物的排放量一直偏高，其整体经济运行和社会成本进一步扩大。由于我国整体煤炭的储藏量占世界百分之十三，而石油、天然气仅占世界储量的百分之一，因此导致我国能源需求的三分之二来自煤炭，而资源型城市往往以能源消费为主导的经济形态，导致其环境污染相对更加严重。根据相关资料显示，20 世纪初，世界银行公布的全球空气污染最严重的 20 个城市中，我国占到百分之七十，其中资源型城市居多。因此，我国资源型城市面临的环境污染压力进一步增加，促使其进行经济转型发展。

三、降低碳排放压力相对较高

近年来，由于全国各地区经济的高速发展，能源的需求与消费增长较快，二氧化碳排放出现较大增长，成为世界碳排放大国。由于我国一直以来在世界经济体中以负责任的大国身份来履行自身国际义务，尽管当前没有签定

3

《哥本哈根协议》，但是一直积极致力于减排事业，因此我国面临降低排放压力进一步增加。根据国际能源署公布的相关研究报告，我国在未来 10 年的能源需求量均高于 2.5%，二氧化碳排放量增长速度高于 3%，因此该报告认为我国在一定时期内将超过美国成为世界第一排放大国。资源型城市的经济体系往往是以工业为主，以能源消耗为主要特征，因此资源型城市降低碳排放压力相对较高。

四、能源结构高碳性明显

由于我国的资源布局一直以来是"富煤、少气、缺油"的能源结构格局，因此以"碳基础"为所主的能源结构特征明显，低碳低排放的产业比重比较小。根据相关研究，燃烧一顿煤炭所产生的二氧化碳气体是石油的 1.3 倍，是天然气的 2 倍，而我国的化石能源占到总体结构的 92.7%，火力发电占到 70%，形成大规模的火力发电以及化石能源消费的能源消费格局。我国自 20 世纪 50 年代以来，由于国家在建设初期大力发展基础工业，因此形成了以煤炭等能源为基础的能源产业技术系统，这种以化石能源为基础的产业体系往往伴随着能源利用粗放型特征，从而形成了整体能源产业经济高度依赖的碳能源经济特征。资源型城市的经济体系往往是以能源经济为中心，而能源经济的高碳能结构特征致使资源型城市相对一般城市来说，进一步面临着环境治理、低碳技术的巨大挑战。

现阶段，随着经济新常态的形式下的新的发展，我国资源型城市普遍面临着矿产资源枯竭或发展无力、生态环境破坏或环境污染严重、经济体系不合理或产业结构单一、经济发展动力不足等一系列问题。对资源型城市发展来说，一方面，由于传统的产业发展或经济结构高度依赖能源资源，对应的产业结构通常是以能源开采或者初加工为主导，其面对当前的经济环境和经济发展模式存在明显缺陷；另一方面，根据城市发展周期理论和产业发展的周期理论，由于资源型城市经济发展以及城市发展本身具有典型的周期性，其发展过程既面临一般城市发展的普遍问题，同时又具有资源型城市自身经济发展的周期性、复杂性等特征。另外，对资源型城市而言，其具有典型的高碳经济特征，城市整体经济发展水平高度依赖高碳经济，因此其对城市整体生态环境存在显著的破坏能力，从而在一定程度上高度影响经济增长与城市发展。因此，基于我国经济发展新常态的时代背景，如何促进我国资源型城市的稳定增长、转变资源型城市经济发展方式成为中国经济发展面临的新课题。通常来说，资源型城市一方面需要产业结构转型升级，构建科学合理的经济发展模式与体系；另一方面，资源型城市需要突破资源诅咒的困局，破解错综复杂的资源依赖发展模式，实现经济的可持续性发展。上述两个方面导致如何在新常态经济环境下构建合理的城市转型发展模式显得格外重要和格外复杂，因此，基于经济发展新常态的时代背景，以资源型城市转型发展为主要研究对象，以促进城市转型发展综合能力为首要目标，探索资源转型发展机理，预测资源型城市转型效果，从而为相关政策建议提供科学参考。

因此，本书以资源型城市转型能力评价为基本研究点，首先构建基于集成学习的资源型城市转型发展综合评价模型；其次，探索不同影响因素对资源型城市转型能力的作用机理与路径，构建基于 EM-SEM 的资源型城市转型发展机理模型，挖掘科学、可靠的资源型城市转型路径与作用机理；最后，运用经济发展的时间序列模型，构建基于 SEM-ARMA 的资源型城市转型预估模型，预估在一定时间内资源型城市的发展水平，并以安徽省淮南市为例进行实证分析。根据上述资源型城市转型发展效果、资源型城市转型发展机理、资源型城市转型发展预测结论，结合淮南市城市基本特征，提出促进淮南市转型发展的相关建议，为相关决策调控提供系统性参考。

第二节　研究目的与意义

一、研究目的

本书研究目的主要包含评价资源型城市转型效果，分析其影响因素对资源型城市转型作用机理，预测资源型城市未来发展趋势，从而提出合理的资源型城市调控模式和路径，为资源型城市可持续发展提供相关建议。具体来说，包含以下四个研究目的：

（一）评价资源型城市转型效果

在资源型城市转型发展实践活动中，需要从多方面综合考虑展开评价活动。如何通过系统分析，基于数据驱动的时代背景下构建资源型城市转型发展综合评价体系，如何运用新的评价理论与评价方法对资源型成熟转型发展效果展开科学合理的评价。因此，本书基于不同理论指导基础上寻找资源型城市转型发展综合评价体系，结合经济新常态的时代背景构建资源型城市转型效果评价体系，力求运用科学、合理、现代的管理评价理论与方法，对资源型城市转型效果展开科学评价。

（二）挖掘资源型城市转型机理

资源型城市转型发展实践活动中受到各方面因素的综合作用与影响。通过系统分析深入挖掘资源型城市转型主要路径与资源型城市转型机理，同时分析处理资源型城市转型发展中多个因变量之间的相互作用，从整体视角寻找资源型城市转型发展作用路径及其影响大小，力求运用科学、合理、现代化管理评价理论与方法，挖掘资源型城市转型转型路径与转型机理。

（三）预测资源型城市转型趋势

资源型城市转型发展实践活动中各因素本质是一个时间序列数据集，每一影响因素都记录着资源型城市转型发展影响因素的相关信息，那么，如何从影响资源型城市转型发展的相关因素的数据集中，通过时间序列的相关理论与方法挖掘对资源型城市转型发展有指导价值的信息，如何运用新的预测理论与预测评价方法对其发展进行预测。因此，本书基于知识挖掘和时间序列的基础预估资源型城市转型发展未来效果，结合大数据时代背景构建资源型城市转型效果预测体系，力求运用科学、合理、现代的预测理论与方法，对资源型城市转型效果展开预测研究。

（四）提出资源型城市转型策略

面对资源约束紧急、环境污染严重、生态退化严重等系列问题，我国改革开放已经进入"深水区"，资源型城市的转型发展成为必然选择。近年来，党和国家提出建设美丽中国战略，逐步形成资源节约型、环境友好型的产业结构、空间布局、生产布局和产业体系等系列方针政策。当前资源型城市普遍存在城乡差距大、贫困人口基数大、老龄人口增加、产业结构不合理、生态环境压力大等一系列矛盾。因此，本书通过定性分析与定量分析相结合，为资源型城市转型发展提出建议。

二、研究意义

评价资源型城市转型发展能力，挖掘资源型城市转型机理与路径，预估资源型城市转型效果是为资源型城市制定转型策略的重要前提。当前，我国经济发展正在进入新的增长模式，在经济新常态背景下如何有效助推资源型城市转型发展，如何制定有效的政策保障具有鲜明的时代意义。因此，本书的理论意义与实践意义主要表现如下：

（一）理论意义

当前，在经济新常态背景下促进资源型城市的转型，特别是关于资源型城市转型综合能力的评价相对处于薄弱环节，尤其是依据现有的资源型城市转型路径合理预测未来发展能力的研究少之又少，在理论与实践中出现了一定的脱节现象。因此本书理论意义主要包含：一是本文通过构建基于集成学习的资源型城市转型效果评价模型，为资源型城市转型效果评价提供了一种新思路，丰富了综合评价的研究方法，提供了资源型城市转型发展效果评价的理论借鉴。二是本书通过构建基于"集成学习——结构方程模型"（EM-SEM）的资源型城市转型路径模型，为资源型城市转型机理与路径提供了一种新思路，丰富了资源型城市转型机理的研究方法，提供了资源型城市转型路径发展的理论借鉴。三是本书通过构建基于集成学习——时间序列的资源型城市转型效果预测模型，为资源型城市转型效果预测提供了一种新思路，丰富城市发展预测的研究方法，提供了资源型城市转型发展预测的理论借鉴。另外，本书拓展了经济新常态背景下城市经济转型预经济发展的理论。

（二）实践意义

近年来，由于资源型城市在新的经济环境和经济背景下面临较大挑战。一方面由于经济的持续增长，我国能源资源的需求越来越多，资源型城市纷纷出台相关政策促使相关企业产业链延伸，导致其环境压力持续增大；另一方面，由于资源型城市原有的产业结构和经济体系比较单一，科学技术转化能力比较单薄，因此许多城市在进行转型升级过程中竞争力不足。因此，积极研究、探索出一条科学、合理的资源型城市转型发展道路，探索更加合理的宏观调控策略具有鲜明的实践意义，总体表现为以下三点：一是在经济新常态背景下，从城市转型能力视角出发，挖掘资源型城市转型路径与作用机理，为相关决策提供参考。二是从经济发展时间序列角度出发，挖掘资源型城市经济转型发展的内在规律，预估资源型城市发展潜力，发现相关不足与缺点，从而提出相关策略与建议。三是通过对淮南市的具体案例研究，为减少环境污染压力、发展清洁能源产业、实现绿色环保产业转型发展提供参考。

第三节　国内外研究现状

一、国外研究现状

（一）研究阶段划分

本书对资源型城市转型研究相关国外文献进行梳理，主要分为以下三个阶段：

初级理论阶段：关于资源型城市转型的研究最初主要开始于 20 世纪 30 年代到之后的 40 年发展时间中，最初的研究往往是针对某一具体城市或者某一具体区域内的几个城市，通常是以统计分析某一研究对象的人口分布、建筑或者工业规划为研究主题。通常以某一具体资源型城市中社会问题、性别问题、经济增长问题等现象展开分析研究，其通过系列分析方法来寻找社会发展不稳定、不均衡的问题。运用的分析方法与分析理论主要包括区域发展经济学理论、地理经济学、统计计量理论以及人文与心理学理论等相关的管理理论与方法。其中，主要代表性的研究主要包含加拿大学者英尼斯，通常认为其是资源型城市问题的开创性研究者，其研究成果《加拿大的原材料生产问题》一般被认为是资源型城市研究的标志。在这一时期，鲁宾逊通过对加拿大新兴工业城镇的全面评价，将相关的研究发表于《加拿大资源富集边缘区的新兴工业城镇》，从而系统地分析了不同城镇的资源发展特征与优势。另一有代表性的作者卢卡斯，其通过对加拿大工业社会的系统分析，认为资源型城市的发展一般要经历四个主要阶段，分别为建设期、雇佣期、过渡期以及成熟期。

实证研究阶段：关于资源型城市转型的第二阶段研究主要开始于 20 世纪 70 年代，在其后面十几年的时间内研究开始对资源型城市进行实证与规范研究，通过对初期相关理论的进一步分析，运用相关实证材料对问题背后的相关作用机制与作用原理展开系统的分析与解释。这一时期的主要研究者主要有波特斯、布莱德伯里等，他们通过运用资本积累理论、依附理论以及相关的管理学与区域发展学理论，对资源型城镇或者城市展开实证分析。与此同时，学者布莱德伯运用城镇发展的生命周期理论展开实证分析，对澳大利亚的资源型城市展开系统分析，提出了不同生命周期阶段各城市的发展策略。美国学者通过对宾夕法尼亚的资源型城镇展开调研，收集不同资源型城镇居民对本地区归属感以及认同感的影响因素，从而提出构建资源型城市社会归属感与认同感的相关理论与策略。另外，学者呼伦通过收集社区互动问题，系统分析不同社区环境中社会环境变动因素、社区氛围、社区习俗和生活方式等因素对资源型城市社区发展展开比较研究。

经济结构阶段：关于资源型城市转型发展的第三阶段研究主要开始于20世纪80年代中后期，其着重研究资源型城市在发展过程中面临的经济结构、劳动力市场结构、经济发展模式等方面的影响，主要研究学者有海特等人，通过运用经济结构调整、劳动力市场分割等理论。其中，学者巴恩斯通过系统收集加拿大资源型城市中劳动市场结构的资料，深入分析劳动力市场相关结构，提出了劳动力市场的二元劳动市场，并将经济结构调整运用于劳动力市场。随着资源型城市这一时期的快速发展，资源型城市的产业升级逐渐得到研究者的青睐，出现了一些新的研究趋势。资源型城市产业升级分别受到经济学、资源地理学、文化学相关学者的青睐，其分别从不同视角展开专门的论述。之后，资源型城市转型由于对国家经济、地区经济以及社会因素存在明显影响，因此，地区经济变动、经济全球化对资源型城市的变化影响等视角下研究资源型城市转型与发展形成相关理论。与此同时，资源型城市的环境污染、生态破坏在这一时期开始受到重视，同时关注可再生资源的开发与利用，包括新兴的能源经济在这一时期开始受到重视。

（二）研究内容划分

产业结构转型研究：国外关于资源型城市产业结构转型的研究中存在一系列成功的经验值得研究与学习，其中德国鲁尔的转型补贴、日本九州的高新产业、美国休斯顿的多元化经营、日本矿区转型政策以及德国的产业集聚模型等均具有一定的代表性。在资源型城市产业结构转型过程中，德国鲁尔区的转型之路一直是经典案例。20 世纪 50 年代，由于能源需求的巨大变化和科学技术的快速发展，德国鲁尔原有的繁荣经济现象受到结构性的冲击，突出表现在失业率迅速上升、生态环境持续破坏、产业经济持续下滑、人才流失严重等系列现象。为了有效改变上述现象，缓解城市经济增长压力，德国鲁尔区采取了一系列的扭转措施，主要包含延长煤炭经济产业链，重视煤炭产业链的生产与加工；根据市场发展新需求对传统产业进行重新规划布局，设置专业的产业规划机构；更新完善相关人才福利政策，增强基础设施建设；严格控制"工业化"排放政策，治理环境污染与生态破坏，煤矿矿区相关建设；政府通过财政补助与减税免税政策补助相关企业转型；企业通过对相关符合条件的员工实施提前退休，对相关在岗员工进行技能再培训；相关企业通过引进高新技术，实现主营业务的拓展与升级等系列措施；促进地区经济由单一化转向多元化经营。

社会问题研究：关于资源型城市社会问题的研究中，关于资源型城镇或社区的社会问题研究比较多。其中，学者马什对矿业资源型城市的研究具有一定的代表性，其以美国东北部的煤炭资源型城市为主要实证对象，对矿工社区展开调查研究发现，发现当矿区经济进入衰退期时，社区居民的归属感和认同感显著降低；当矿区经济停滞或者处于倒退期时，矿工及其相关亲属将有强烈迁出意愿，约有二分之一的人愿意继续留在矿区工作与生活，愿意留下继续工作与生活的相关人员主要源于已经形成的牢固的社区归属感。沃伦对资源型城市社区问题研究成果比较突出，他提出资源型社区互动可以分为水平互动和垂直互动，其中，前者主要包含社区内部单位与单位、个人与个人以及单位与个人之间的交流互动，后者主要包含社区内部与外部之间的个体或者单位之间的相互联系，并且其认为水平互动更加有利于提升社区归属感与认同感。

人口特征研究：资源型城市人口特征研究同样吸引着许多研究者的关注，其中关于资源型转型前后人口特征对比的相关研究比较多。与一般城市发展进程中人口规律相比，资源型城市在人口结构与人口迁移过程中形成的差异化特征。欧费奇力格以资源型城市艾利安格拉的人口变化为对象，对其人口分布特征进行系统地描述、统计与分析，运用当地相关资源对人口普查资料进行系统跟踪分析，发现资源型城市在经济转型阶段人口存在明显的异常变动。布拉德伯里以加拿大拉布拉多地区资源型城市为研究对象，从人口迁徙的角度深入分析比较，研究该地区人口分布特征，研究结果表明资源型城市的采掘业对人口周期性波动影响比较明显，这种波动性变动与资源型城市人口波动显著相关。

城市发展周期研究：关于资源型城市产业结构转型的研究中，资源型城市的发展周期研究获得了一些研究者的支持。卢卡斯认为资源型城市的发展周期主要包含建设期、雇用期、过渡期和成熟期四个阶段，通常建设期和雇用期资源型城市引力比较大，此时人口结构主要包含年轻人和家庭主导型，不同结构的人员之间交流频繁，性别、年龄结构合理；当资源型城市进入过渡期时，资源型城市的引力从依靠某一产业、企业转变为依靠独立的社区环境或者社区文化；当资源型城市进入成熟阶段时，此时资源型城市的引力逐渐降低，一部分年轻人由于工作或者发展局限性等因素而被迫离开，此时资源型城市往往采取让部分在岗员工提前下岗办法，从而导致城市退休比率增高，使得年轻人的居住压力增大。

与其他相关地区或部门关系研究：在资本主义社会，一体化垂直大公司通常操纵着资源型城市中大规模企业并且掌握着相关资源的开采权。学者布拉德伯里认为这些大型公司通常在资源的经营与分配过程中以跨国形式进行投资，在资源型城市转型和投资过程中，往往存在剥削与被剥削，其投资的主要目的就是利益最大化，实现资本最大化。另一观点认为，在资本主义社会，跨国公司操作着资源型城市中大多数产业，但是还是存在部分企业或者部分产业，其不完全受到资本主义跨国公司和集团的投资。因此，学者欧费奇力格认为，依附理论所支持和代表的观点存在一定的歧义，其相关观点认为资源型城市的转型发展往往还是受到矿产储藏的紧密影响，并非是跨国公司的全部操纵或剥削。另外，学者霍顿对澳大利亚的资源型城市发展模型展开研究，认为"长距离通勤模式"对社会和区域的发展有着显著性影响，但这种影响优点胜过缺点。学者基恩对美国的煤炭城市展开分析，认为资源型城市实现可持续发展必须满足必要条件。

二、国内研究现状

（一）研究阶段划分

本书对资源型城市转型研究相关国内文献进行梳理，主要分为以下三个阶段：

起步阶段：国内关于资源型城市转型相对国外的研究起步较晚，最初的研究主要开始于 20 世纪中期到之后的 30 年的发展时间中，其中主要包含资资源型城市的产业布局问题研究、资源型城市生产基地与规划研究、源型城市发展策略问题研究以及资源型城市产业的调整等主要问题。这一时期，我国学者李文彦通过对煤炭资源型城市的工业布局展开研究，发表了"煤矿城市的工业发展与城市规划问题"一文，从而对煤炭资源型城市的经济转型奠定了理论基础，其通过系统分析从而确定了煤炭资源型城市的具体含义。

黄金阶段：20 世纪 80 年代到 20 世纪末的 20 年的研究，被国内研究这认为是资源型城市发展研究的"黄金时期"，在这一时期，我国涌现大批学者讨论资源型城市的产业体系、产业布局与规划以及经济的增长等。其中学者樊杰以我国煤炭资源型城市为实证研究对象，揭示了我国煤炭资源型城市的发展进程中明显存在着生命周期理论以及不同规模城市的产业转型与升级存在着不同规律。学者祝遵宏揭示了我国资源型城市可持续发展必须满足的基本条件，以及实现产业结构调整必须满足的基本条件，他认为资源型城市要想实现经济的可持续发展和产业结构的升级，必须通过多元化的产业发展布局，并初步探讨不同资源型城市实现可持续性发展必须满足经济结构特征和产业结构。学者沈镭认为资源型城市转型发展中，首要解决的问题就是对其可持续的机理挖掘清晰，因此，率先开展了矿业资源型城市转化战略的研究。我国学者张以诚研究员在这一时期认为研究我国矿业资源型城市的产业升级和经济发展的迫切性，因此整合中国矿业研究协会及相关资源，编写了《矿业城市与可持续发展》一书，对比了我国矿业城市与世界主要矿业城市的发展路线，从而系统阐明了我国矿业资源型城市的转型思路和产业升级的策略。

深化阶段：21 世纪初至今，上述研究进入了深化阶段，该时期的研究内容主要包含：资源型城市转型方式与转型模式的分析比较、主导产业选择与比较分析、产业集聚建设与产业布局设计以及可持续发展、绿色发展等各方面。学者王青云综合运用定性与定量分析方法，系统分析了我国资源型城市经济转型发展过程中主要面临的问题以及面临的困难，并且从整理视角给出了我国资源型城市产业升级的基本思路与政策建议。学者张米尔通过对我国资源型城市的系统分析，从产业升级的视角总结出我国资源型城市产业升级转型主要存在三种模式：复合型产业模式、产业更新模式和产业延伸模式。学者齐建珍从边缘视角提出资源型城市转型发展的产业升级学，认为资源型城市转型的必然性和战略选择的基本思路和基本战略，重点说明了资源型城市结合自身特色实施资源型转型升级的重要意义。吴春莺运用产业选择方法，从资源型城市产业升级与产业转型的视角出发研究不同转型模式选择的条件，将资源型城市转型分为主动性资源型城市转型和被动型城市转型两种基本模型。姜春海通过资源型城市产业运行的方式划分，将产业转型的模式分为政府主导型、自由放任型和政策指导性，建议我国政府应该建立政府主导的转型发展模式，通过运用替代产业等其他发展方式指导相关产业和企业进行转型与升级。

（二）研究内容划分

概念与分类问题研究：在我国，资源型城市作为一种重要的城市类型，通常是指在城市形成和发展过程中主要依赖矿产资源等能源资源，并且以能源资源的直接开挖与初步加工为城市发展的主要经济支柱产业而形成的具有一定专业性城市。学者王青云通过对资源型城市比较分析，认为我国资源型城市主要是由于自然资源的开采或者能源资源的初步加工形成的或者是由于承担着某种能源资源建设或输出任务而形成，并认为资源型城市的分类可以从城市人口、资源储存量、行政等级多方面。学者张以诚主要针对矿业资源型城市展开研究，其认为矿业资源型城市应该根据不同城市的实际内涵，选择不同评价标准进行综合性的评价，这样既有利于因地制宜对资源型城市产业升级与发展提供策略指导，又有利于帮助资源型城市相关企业制定相关的政策。

产业调整与优化研究：学者张复明认为资源型城市产业升级主要存在结构性代谢机制，通过对比不同资源型城市产业调整模式，提出源型城市的产业调整模式主要包含产业改造、产业延伸、产业联盟、产业集聚、产业扶持、产业替换以及政府产业救助模式。宋冬林通过对东北老工业基地的资源型城市的单一研究，分别从管理制度、行政政策、区域协调发展、产业集聚和产业结构升级等多个视角分析东北老工业基地产业转型与振新的方法，从而形成一个综合治理方案。樊艳萍通过系统工程的视角提出资源型城市转型发展作为一个复杂工程，通过系统工程的优化理论对资源型城市完成产业转型升级提出相关建议。学者钱勇从企业微观视角分析资源型城市转型发展中企业主体，认为企业转型成功率低、产业价值低等一系列困境与问题，并且针对东北老工业基地的相关企业展开了实证分析，从而为东北老工业基地相关的能源资源企业转型升级提供相关政策建议。例外，不同学者分别针对单一的城市和整体资源型城市的转型发展提出宝贵建议。

基本现状研究：关于我国资源型城市在转型过程所面临的基本现状研究，学者沈斌通过对我国资源型城市的整体分析研究表明，资源型城市在我国普遍面临着四个主要问题：原有产业结构生产工具、设备不能满足现有产业升级转型的需求；原有产业结构中劳动者的劳动技能不能满足现有需求；原有资源型城市或者区域内支柱产业利润下滑或面临衰退以及资源型城市面临着环境污染严重。学者张以诚系统总结分析我国资源型城市的基本现状，主要特征为：面临资源枯竭威胁；产业体系竞争力薄弱、结构单一；城市或相关企业的基础设施建设不足，基础设施条件较差；城市面临着环保压力以及环境污染严重；城市产业整体活力不足，就业机会不足。宋晓梧认为资源型城市主要面临城市空间松散、城市产业结构单一、人力资源数量充足与质量不高、城市产业高度资源依赖性的四个主要问题。学者徐建中运用非参数统计方法对我国不同类型的资源型城市的生产要素进行实证研究，对不同要素来源与经济增长贡献率展开对比分析。傅利平运用数据包络分析方法对我国34个资源型城市经济转型效率和发展效率展开了对比研究。

经济转型研究：资源型城市经济转型问题是一项系统、复杂的工程，学者张复明认为资源型城市经济转型主要有两种基本发展模式，分别为多元产业交叉叠合模式和产业有序升级模式，其中应该以多元产业交叉融合模式为主要的转型方式。赵海在系统对比了国外关于资源型城市转型基础上，提出在城市产业链有序延伸、城市新兴产业引进政策以及落后产业的处理策略方面。学者宋冬林通过西方经济学的相关视角分析资源型城市经济转型发展过程中经济成本与社会成本角度分析城市转型中的障碍，探讨不同成本视角下资源型城市转型发展对策与建议，并通过实证研究提出资源型城市发展经济增长速度相关建议。中央党校相关小组专门组建辽宁阜新资源型城市转型研究课题组，通过系统、全面分析阜新市面临的基本发展现状，探讨分析阜新资源型城市转型发展的路径，从而提出了其他资源型城市转型发展的参考模式。龙如银通过系统学的观点设计资源型城市转型发展策略，认为资源型城市经济转型由于受到的影响因素繁多复杂，应该通过系统学的视角展开整体框架设计和策略实施。栗滢超从资源型城市经济转型周期的微观视角，构建资源型城市转型的动力学模型，并且根据动力学相关理论设计出相关应对策略。。张耀军分析资源型城市由传统的产业转向新兴服务业的发展路径，并且提出资源型城市根据自身现有资源优势结合相关科学技术开发旅游资源是实现城市转型发展的有效途径。胡爱萍以著名的资源型城市萍乡市为研究对象，总结出资源枯竭型城市主要面临居民收入低、失业人口持续增加、环境污染严重、产业结构单一、居民归属感降低、财政收入低迷等系列问题，与此同时，提出了解决上述问题的系列措施，主要包含产业多元化经营、延伸产业链、产业体系重组、引进新兴产业等产业调整措施解决资源枯竭型城市经济转型问题。任玉琨通过运用博弈论的相关理论与分析方法，构建资源型城市高度集中产业生态链中不同参与者的博弈理论，认为产业集中的资源型城市的相关企业倾向减少产业转型的相关人力与财力资源的投入，更加倾向将投资的责任转嫁给当地政府。

可持续发展研究：通常，认为学者王焕良在我国是首先提出资源型城市可持续发展的相关科学问题，其认为资源型城市的可持续发展与资源型城市的转型发展在一定程度上有着相似之处。周德群从资源型城市与矿区关系展开研究，对不同矿区的可持续发展进行分类与总结，综合提炼出矿区可持续发展的共同特征。龙如银从系统工程视角分析资源型城市可持续发展中整体系统与各产业、各地区的子系统之间的相互关系展开研究，从而提出资源型城市可持续发展的调控机制。学者侯明从生态城市建设的视角分析，将自身提出的研究结合相关资源型城市进行实证研究，为辽宁阜新的可持续发展提供了宝贵的建议与策略。除上述研究之外，周海林等人从全要素评价的视角构建了资源型城市可持续发展的水平的综合评价模型与评价指标体系，并结合不同的资源型城市展开了实证研究。黄溶冰从资源型城市整体经营战略出发，构建资源型城市的可持续发展发展的综合策略，从产业有效升级到整体区域的可持续发展，提出了系列研究方案。学者张友祥运用 BP 神经网络对资源型城市的可持续发展能力展开综合评价，从而有效克服了评价的主观性，有利于研究结果对的客观公正。另外，还有部分学者从资源型城市的可续发展为出发点，构建相关评价模型，从避免资源型城市在基础建设落后的背景下越走越深。

循环经济研究：资源型城市的"循环经济"研究同样在国内得到了部分学者的关注，其中比较经典的理论之一为王诚提出的资源型城市循环经济道路的观点，该观点认为循环经济作为资源型城市实现经济发展、环境保护、产业升级、持续发展等多种收益，是资源型城市实现产业转型发展的最佳选择。梁亚红基于生态经济学和能源经济学理论，以平顶山市的经济社会发展为主要研究对象，结合实际需求构建了煤炭资源型城市的循环经济发展道路。李王峰以十四个资源型城市为实证对象，分别从资源、能源、环境、经济、城市发展等多个视角分析资源型城市构建循环经济道路，评价不同区域的资源型城市的循环经济建设能力。徐建中在系统研究资源形成产业升级的基础上，针对资源型城市部分产能过剩问题，系统构建了一整套循环经济发展道路。徐建中针对我国资源型城市发展现状，在充分理解资源型城市面临的主要问题基础上，构建资源型城市循环经济评价指标体系，并建议资源型城市根据不同的产业结构现状构建合理的循环经济发展模式。此外，我国还有许多学者对资源型城市循环经济的发展展开了相关研究，王素军认为应该根据不同城市区域发展产业的不同而确定相关评价指标体系，通过合理的评价方法与模型是衡量资源型城市发展能力和政府履职情况的重要参考要素。另外，学者袁俊斌认为发展循环经济对资源型城市产业发展、企业发展以及居民的生活具有重要的导向作用。

创新创业研究：关于资源型城市转型发展如何突破现有的困境，如何通过科学的手段进行创新发展同样受到国内相关学者的关注。齐中英通过系统分析我国资源型城市的产业结构特征和产业分布特点，识别出制约不同类型的资源型城市发展因素，并且通过一定现代化信息手段，以制度创新为基本点实行转型发展。李树人认为资源型城市转成程度主要依赖本区域人力资源发展水平和技术创新转化能力。庞娟通过对资源型城市转型发展的系统研究，认为资源型城市通过产业结构创新、产业类型创新、创业发展方式创新、产业管理体制创新、产业布局创新、产业管理与培育的创新，实现城市的产业升级。李泽红从战略创新研究视角出发，以河北省唐山市为实证研究对象，提出系统构建资源型城市产业转型和升级的评价体系，并且针对唐山市的产业创新发展展开实证研究。李柏洲通过系统分析资源型城市整体面临的产业问题从而从系统工程视角分析资源型城市产业转型对策。田红娜在构建资源型城市整体产业群结构基础上提出建立资源型城市的创新网络模型，并且认为不同企业在产业创新群体中起着不同作用，政府针对不同创新群体应该构建差异化的扶持政策与策略。

"资源诅咒"与经济发展研究：通常认为在我国首先提出"资源诅咒"

与经济发展矛盾关系的学者为徐康宁,他通过对我国省级以上资源型城市面板数据展开分析,运用计量经济学的相关理论与方法验证"资源诅咒"在我国部分省市普遍存在,认为以山西省最为突出,其由于拥有丰富的煤炭资源对城市的原始发展具有较大的促进作用,但是随着对煤炭资源的过分依赖导致其后期城市发展成为制约因素。学者刘吕红认为资源型城市在产业布局时就应考虑城市发展对产业过分依赖的问题,从而认为资源型城市在转型时应该注意产业特点突出与产业过分依赖问题。此外,我国学者康彦彦认为资源型城市发展面对的"资源诅咒"是可持续发展进程必须经历的一个阶段,应该制定合理的策略分析应对。顾杰认为政府应该在资源型城市转型中发挥有效指导作用,探讨了政府在不同的资源型城市转型中角色定位,主要包括综合管理型、公共服务型和健康型政府三种类型,并且以湖北省大冶市为例展开了实证研究。

第四节 研究内容与框架

一、研究内容

当前,国内外学者从宏观视角分析我国资源型城市转型效果、转型方式、转型策略已经有了相对比较成熟的理论与方法,关于某一具体的资源型城市转型的总体效果评价以及未来发展水平成为资源型城市研究的新的热点。然而,一方面,在大数据时代背景下对某一具体资源型城市所做的理论与实证分析比较少,所建立的模型往往都是针对整体区域的而展开的,就不同模型展开的实证研究往往针对性不强,从数据驱动视角下针对我国某一资源型城市转型效果的评价相对比较少,且从全要素评价的视角对资源型城市转型效果展开论述的也相对比较少,分析的视角相对不够全面;另一方面,针对资源型城市转型发展的预测研究相对比较少，尤其是针对资源型城市转型的总体转型效果的预测研究少之又少。

在经济学分析中，时间序列理论认为一个地区的经济的发展总是建立在前一个时间经济发展水平基础上，人们通常将时间序列分析方法应用于预估某一地区经济发展水平。因此，本书一是基于文献分析、全要素评价方法，对国内外关于资源型城市转型效果评价体系进行综合研究，根据城市发展效果评价的全要素评价指标构建资源型城市转型发展效果初始评价体系，初步分析资源型城市构成特点与分布特征；二是基于随机支持向量回归、神经网络、信息熵、集成学习等评价理论与方法，构建资源型城市转型发展综合评价模型——"集成学习"（Ensemble Learning，EM）并展开效果评价；三是基于参数估计、假设检验，实证分析资源型城市转型发展主要路径和传播机理，构建基于"集成学习——结构方程模型"（Ensemble Learning-Structural Equation Model，EM-SEM）的资源型城市转型发展整体效果模型，确定各关系路径对城市转型发展的影响效果；四是基于经济计量、时间序列分析理论与方法，构建"结构方程模型——时间序列模型"（Structural Equation Model-AutoRegressive Moving Average，SEM-ARMA）计量模型，测算出我国资源型城市转型发展主要方式的未来效果，估计各主要素在城市转型未来发展中作用；五是基于实证分析理论与方法，结合上述路径测量系数和预估参数给出提升资源型城市转型发展的相关策略。

因此，本书主要研究内容如下：一是首先基于文献分析、全要素评价方法，对国内外关于资源型城市转型效果评价体系进行综合研究，根据城市发展效果评价的全要素评价指标构建资源型城市转型发展效果评价体系，初步分析资源型城市构成特点与分布特征；二是基于支持向量回归、神经网络、信息熵、集成学习等评价理论与方法，构建我国资源型城市转型发展综合评价模型并以安徽省淮南市为例展开实证分析；三是基于参数估计、假设检验，构建基于 EM-SEM 的资源型城市转型发展路径与机理模型，实证分析资源型城市转型发展主要路径和传播机理，确定各关系路径对城市转型发展的影响效果；四是基于经济计量、时间序列分析理论与方法，构建 SEM-ARMA 计量模型，测算出资源型城市转型发展主要方式的未来效果，估计各主要素在城市转型未来发展中作用；五是基于实证分析理论与方法，结合资源型城市转型发展效果评价、路径测量系数和预估效果，根据淮南市城市基本特征，为促进淮南市城市转型发展的提出相关策略。

二、研究框架

本书研究框架如下：

第一章为绪论。主要阐述资源型城市转型发展的选题背景、资源型城市转型发展的选题目的与意义、资源型城市转型发展的国内外研究现状、资源型城市转型发展的研究内容与方法、资源型城市转型发展的研究框架与技术路线以及资源型城市转型发展的研究创新点等。

第二章为理论基础。主要阐述资源型城市转型发展的概念、资源型城市界定标准以及分类特征，资源型城市转型概念、资源型城市转型现实意义、资源型城市转型基本特征，资源型城市比较优势与资源诅咒、比较优势理论、资源诅咒理论、优势与诅咒解释等。

第三章为资源型城市转型效果评价测度。主要阐述资源型城市转型效果评价特征、构建资源型城市转型效果评价指标体系，阐述资源型城市转型效果评价模型，构建基于信息熵、支持向量回归、神经网络、集成学习的综合转型效果评价模型，并且对淮南市城市转型效果展开评价研究。

第四章为资源型城市转型机理与路径分析。首先阐述资源型城市转型机理分析、应用背景、应用目标与原则、资源型城市转型路径，然后构建基于 EM-SEM 的转型机理模型构，通过实证数据分析，深度挖掘淮南市城市转型机理与作用机制。

第五章为资源型城市转型预测研究。首先阐明时间序列分析的方法与原理，然后构建基于 SEM-ARMA 的城市转型预测模型，最后通过收集相关数据，对资源型城市转型效果展开预测研究。

第六章为资源型城市转型政策建议。根据上述综合评价结果、转型机理与路径分析结果以及发展预测研究结论，借鉴国内外先进的管理理论与转型方法，针对淮南市城市转型提出具体可行的对策建议。

第七章为结论与展望。阐述本书研究结论并指出进一步的研究方向。

第五节 研究方法与技术路线

一、研究方法

本书研究思路一是通过文献分析，对国内外关于资源型城市转型效果评价体系进行综合研究，根据城市发展效果评价的全要素评价指标构建资源型城市转型发展效果初始评价体系；二是基于随机支持向量回归、神经网络、信息熵、集成学习等评价理论与方法，构建资源型城市转型发展综合评价指标体系并展开效果评价；三是基于参数估计、假设检验，实证分析我国资源型城市转型发展主要路径和传播机理，构建基于 EM-SEM 的资源型城市转型发展整体效果模型，确定各关系路径对城市转型发展的影响效果；四是基于经济计量、时间序列分析理论与方法，构建 SEM-ARMA 计量模型，测算出资源型城市转型发展主要方式的未来效果，估计各主要素在城市转型未来发展中作用；五是基于实证分析理论与方法，结合上述路径测量系数和预估参数给出提升资源型城市转型发展的相关策略。

本书运用的主要方法如下：

（一）文献分析法

本书通过系统的收集、鉴别、整理关于资源型城市转型发展的国内外相关研究文献，并通过对相关文献的系统分析与研究，形成对资源型城市转型发展的基本认识，与此同时分析并掌握资源型城市国内外研究的主要理论、方法和面临的问题与挑战，从而为本书相关研究提供研究基础。

（二）调研与统计分析方法

本书采用统计分析的方法分析资源型城市发展特征与基本状况。从《安徽省统计年鉴》《国民经济和社会发展统计公报》《淮南市统计年鉴》以及专业数据库等途径收集与整理相关数据，以确保数据的科学性与真实性，从而为本书相关研究提供研究基础。

（三）信息熵方法

本书通过信息熵对资源型城市转型效果展开评价研究。通常，熵为力学概念，可以理解成某一特定的信息出现概率，其符号与热力学熵相反。通常情况下，一种信息出现概率越高，它被利用和传播的可能性更广泛，信息熵可以某一具体要素的信息价值，被广泛应用于经济管理研究中。

（四）支持向量回归方法

本书通过支持向量机（SVM）的学习原理与基本理论，以分析整体结构化风险最小化为基本的出发点，将资源型城市转型效果低维空间中相关因素的线性相关性通过核函数映射到高维空间，从而实现相关因素的非线性计算。支持向量回归（SVR）是在支持向量机（SVM）的基础上发展而来，支持向量机（SVM）是相通过分析和学习成一个超平面，从而实现研究对象的准确分类，而支持向量回归（SVR）则是通过学习，从而得到一个回归曲线，从而实现对研究对象的准确拟合。

（五）BP 神经网络方法

BP 神经网络是一种多层前馈神经网络，其凭借复杂模式分类或拟合能力以及良好的多维函数映射能力，从而解决有效解决低维空间中相关因素的高度线性相关性。总体来说，BP 网络神经网络的结构主要包含输入层、隐藏层和输出层，主要采用梯度下降法来实现整体目标函数拟合误差的最小值，从而实现对研究对象的准确分类或拟合。

（六）集成学习方法

集成学习是当前机器学习中一种比较常见的学习算法，通常由于所分析问题的复杂以及相关数据分布特征各异，一种学习算法很难完全描述某种经济现象或者问题，而集成学习的就是就是通过组合多个学习算法得到一个结果稳定并且效果较好的学习算法，从而能够有效提升整体分析结果的表现。因此，本书将集成学习的的相关思想和算法运用于资源型城市转型发展效果的综合评价，综合运用信息熵、支持向量回归、神经网络三种评价或机器学习算法，构建基于集成学习的资源型城市转型效果评价综合模型，从而有效解决单一评价方法的缺陷。

（七）结构方程模型方法

结构方程模型是当前关于复杂社会网络和经济结构研究的主要方法。通常结构方程模型通过根据现实或理论依据构建研究问题之间的概念模型，然后通过收集相关实证数据对结构方程中相关研究假设进行验证，并且从整体视角分析潜在变量之间的关系，对潜在变量之间进行探索性和验证性分析，从而确定各变量之间的作用关系与作用机理。

（八）时间序列分析方法

时间序列分析方法主要计量经济学中主要研究方向之一，对挖掘挖掘和预测现实生活中时间序列数据的相关信息有着显著的优势。当前，随着大数据与机器学习的快速发展，时间序列用于相似度分析、关联分析、异常检验等管理决策和预测中发挥中重要作用，因此本书用时间序列的相关理论与方法预测资源型城市转型效果，从而确定不同变量在资源型城市发展中未来表现。

二、技术路线

根据技术路线图分析，本书主要技术路线解释如下。一是通过文献分析、专家访谈、实地走访等方法对国内外关于资源型城市转型效果评价体系进行综合研究，展开文献综述研究；二是根据城市发展效果评价的全要素评价理论构建资源型城市转型发展效果初始评价体系，运用支持向量回归、神经网络、信息熵、集成学习等理论与方法，构建资源型城市转型发展综合评价指标体系并展开效果评价；三是基于参数估计、假设检验，实证分析我国资源型城市转型发展主要路径和传播机理，构建基于 EM-SEM 的资源型城市转型发展整体效果模型，确定各关系路径对城市转型发展的影响效果；四是基于经济计量、时间序列分析理论与方法，构建 SEM-ARMA 计量模型，测算出资源型城市转型发展主要方式的未来效果，估计各主要素在城市转型未来发展中作用；五是基于实证分析的相关结论，结合上述路径测量系数和预估参数给出提升资源型城市转型发展的相关策略。最后，对本书研究结论进行阐述，并指出进一步研究的方向。

第六节　研究创新点

本书资源型城市转型发展为研究对象，以安徽省淮南市资源型城市转型为实证对象，开展资源型城市转型体系构建，转型路径识别，转型效果评价和转型效果预测研究，分别构建基于 EM 的资源型城市转型效果评价模型、基于 EM-SEM 的资源型城市转型路径测算模型、基于 SEM-ARMA 转型效果预估模型，以此对资源型城市转型发展给出相关提升策略，如图 1 所示。主要创新点如下：

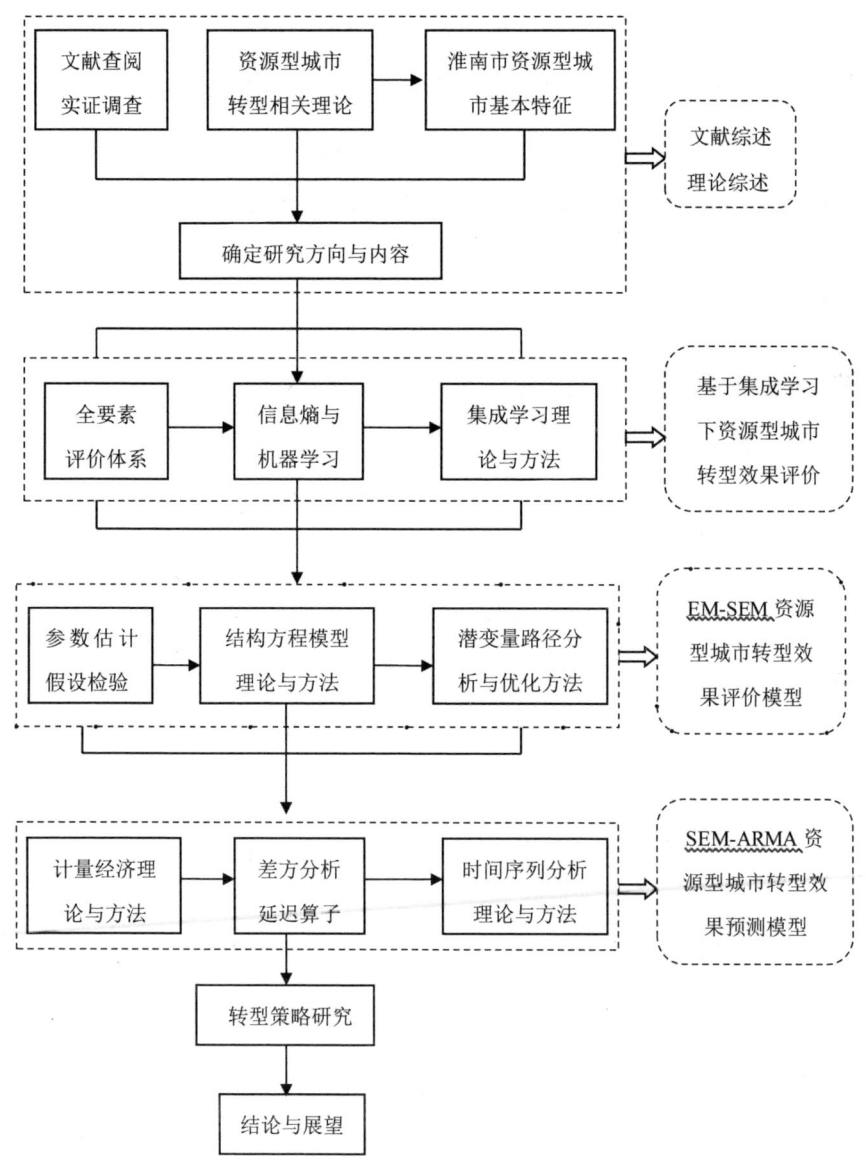

图 1 技术路线

第一，将城市发展全要素综合评价体系运用于资源型城市转型发展效果评价，综合运用文献分析、支持向量回归、神经网络、信息熵、集成学习等理论与方法，构建基于集成学习的资源型城市转型综合评价模型。

第二，综合运用参数估计、假设检验、集成学习和结构方程模型理论与方法，构建 EM-SEM 转型路径测算模型并展开实证分析。

第三，综合运用计量经济学、集成学习和时间序列分析等理论与方法，构建 SEM-ARMA 转型效果预测模型，预估资源型城市转型发展的未来效果，并以安徽省淮南市为实证对象展开预测评价。

第四，根据 EM-SEM 转型效果测算模型和 SEM-ARMA 转型效果预估模型的计算分析结果，借鉴当前国际、国内城市转型发展的先进经验方法，结合淮南市城市转型发展现状，为提升安徽省淮南市资源型城市转型发展效果的制定科学策略。

第二章 资源型城市转型理论基础

第一节 资源型城市概念、分类与特征

一、资源型城市概念

关于资源型城市的相关定义与说法，不同的研究学者有不同观点与看法，至今尚未形成统一的观点与标准，主要有代表的如下面三种：

第一，资源型城市主要是指主要依靠提供矿产产品以及附属矿产资源的初加工产品的城市。

第二，资源型城市是指依靠资源开发而兴建或兴起的一类城市，其经济结构往往比较单一，主要依附于矿产资源的开发与初级加工。

第三，资源型城市评价标准主要来源质与量两个方面，其一是矿业经济对城市整体经济的影响与所处地位，其二是对城市整体工业生产值中矿业资源产值的比重。

通过上面文献综述部分的分析，参考国内外关于资源型城市的相关概念，本书认为在大数据时代背景下，资源型城市是指某一城市的生命发展周期依赖本区域的能源资源的开发和利用，并且城市产业体系主要以能源开采与初加工为主，能源资源对本城市的发展起到主导作用。通过上述定义可以发现，资源型城市既有一般城市的共性，又有其独自的特性。首先作为城市，应该

是满足一般城市的基本特征，如一定的长居人口，一定的产业企业，能够为人们提供基本的生活需求，附属一定的社区与城镇并且能有效推动经济、社会、文化的有效发展。从城市类型的分类来看，资源型城市与港口城市、综合贸易城市等城市类型类似。因此，资源型城市与费资源型城市或者一般的资源型城市的主要区别在于资源型城市"资源"，其主要依赖能源资源的生产、加工为主要经营手段。由于资源型城市往往是对某一或某几种资源的过分依赖，从而导致资源型城市的整体经济运行状态与波动状态、周期与本城市附属的能源产业发展具有紧密联系，其主导产业单一、生态环境脆弱等一系列问题受到影响或制约着资源型城市的繁荣与否。

二、资源型城市类型

本书主要从资源型城市发展规模、生产方式以及生命周期阶段进行分类。

（一）按城市规模分类

根据不同城市规模划分标准，我国资源型城市主要可以分以下几类：特大型资源型城市，其要求对应的人口在 100 万人以上；大型资源型城市，其要求人口范围在 50 万到 100 万人口之内；中型资源型城市，其要求人口范围在 20 万到 50 万人口之内；小型资源型城市，其要求人口范围在 10 万到 20 万人口之内。另外，我国还存在资源型城镇，其要求人口范围在 10 万以下，对应城区功能、城镇功能相对独立。

（二）按产生方式分类

根据不同生产方式划分标准，我国资源型城市主要可以分以下几类：

第一，无依托的资源型城市：该类型的资源型城市的产生于发展主要是由矿业采掘而形成，其产生主要是由于资源型城市自然资源的开采而产生的，在资源没有进行开采之前该类型的资源型城市并不存在。例如，我国著名的资源型城市大庆，其新建则由于石油开采；我国著名的资源型城市攀枝花，其新建则由于钢铁开采。

第二，有依托的资源型城市：该类型的资源型城市的产生于发展之前就已经有了相应的城市产生，由于矿业采掘而而导致城市兴衰成败。例如，我国著名的煤炭资源型城市大同、著名的钢铁源型城市马鞍山等都属于这种类型的城市。

（三）按资源开采的生命周期阶段分类

根据资源型城市的生命周期理论作为划分标准，我国资源型城市主要可以分以下几类：

第一，新兴资源型城市：新兴资源型城市是指在资源型城市的发展过程中，处于城市生命周期的起步阶段，处于城市发展的发展期。该类型的资源型城市主要特征主要包含相应的自然资源储藏量丰富，资源的供应保障充足，城市发展潜力现阶段比较大。对新兴的无依托资源型城市而言，其建设时间期通常比较短，整个能源产业发展是否景气将决定资源型城市本身的兴衰；对新兴的无依托资源型城市而言，其建设周期相对有依托的资源型城市比较长，由于在城市的发展过程中发现丰富的矿产资源，而这些丰富的矿产资源对处于新兴的资源城市而言一般处于迅速扩张期。

第二，成熟型资源型城市：成熟资源型城市是指在资源型城市的发展过程中，处于城市生命周期的成熟阶段，处于城市发展的成熟期。该类型的资源型城市主要特征主要包含相应的自然资源储藏量较丰富，资源的供应保障相对比较充足，城市发展潜力现阶段趋于饱和。对成熟的无依托资源型城市而言，其建设时间期通常比较长，整个能源产业发展是否景气将较大影响者资源型城市本身的兴衰；对成熟的无依托资源型城市而言，其建设周期相对有依托的资源型城市比较长，由于在城市的发展过程中发现丰富的矿产资源，而这些丰富的矿产资源对处于成熟的资源城市而言一般处于城市规模更大、人口更多。

第三，枯竭型资源型城市：枯竭型资源型城市是指在资源型城市的发展过程中，处于城市生命周期的衰退阶段，处于城市发展的衰退期。该类型的资源型城市主要特征主要包含相应的自然资源储藏量匮乏，资源的供应保障不充足，城市发展潜力现阶段不足、城市经济整体发展水平与发展速度出现严重问题。对枯竭型的无依托资源型城市而言，现阶段而言其建设时间期通常较长，整个能源产业发展不景气将，严重影响资源型城市经济的发展；对枯竭的无依托资源型城市而言，其建设周期相对有依托的资源型城市现阶段更长，城市之前富有的丰富的矿产资源现阶段带来了负面效应；枯竭阶段的资源城市而言，一般处于城市规模增速较慢或者没有增长，城市人口可能出现倒退，人力资源水平也停滞不前或者出现倒退。

三、国内资源型城市主要特点

相对一般城市来说，我国资源型城市具有更加的专业性、产业布局突出，主要特征如下所示：

（一）城市主导产业高度依赖不可再生资源

城市总体的产业主要依赖能源产业经济，能源产业的高度依赖对资源型城市来说存在一定的优势与弊端。现阶段，我国存在着大量的资源型城市产业经济高度依赖不可再生资源的案例，如我国著名的煤炭为主导产业的内蒙古鄂尔多斯市，其整个城市的发展以及产业的兴衰将完全依赖资源型城市。当煤炭行业经济比较活跃的时候，整个城市经济运行水平都在高位运转；当煤炭行业处于低迷阶段时，城市的经济水平与综合实力明显处于低谷阶段，出现了资源型城市著名的"空城"现象。因此我国资源型城市的首要特征将就是高度依赖不可再生资源，城市整体经济水平与经济实力完全依赖资源型城市本身所赋有的不可再生资源。

（二）基础设施建设滞后

由于资源型城市的兴建往往依靠丰富的自然资源，其产业发展具有明显的政府行政意志，通常经过发现丰富的矿产资源后，当地政府或者相关行政管理部门在一定的行政政策指导下，通过筹集一定人力和物力资源，对城市的相关经济产业展开建设，在这一阶段的资源型城市发展速度一般比较迅速，通过几年或者十几的时间达到城市建设的高峰，比一般自然形成的城市的成长速速更快，从而实现一定的经济、政治与文化目的。然而，正是由于资源型城市的快速建设与成长，没有经历一般城市的自然增长，其基础设施建设一般依靠行政规划来完成，导致基础建设相对一般城市滞后。尤其我国部分资源型城市往往是为了迅速的响应国家建设需要，经过一定的行政干预手段完成城市的初期建设，由于国家建设的迫切性常常导致资源型城市在建设与规划过程中缺乏详细分析，往往存在"先生产后建设"的城市基础设施建设思路，这种模式的弊端随着我国经济社会的快速发展而日益暴露出来，除了部分交通运输建设比较合理，其他的基础设施建设严重滞后。资源型城市由于受到资源禀赋等因素的影响，部分资源型城市集聚密度低，加上交通布局不合理，城乡规划不完善，城乡交错凸显，城市功能区域划分与规划不合理，导致资源型城市基础设施成本高与难度大。

（三）产业结构失衡

资源型城市通常都是在资源禀赋的地区建设起来的，而这些地区往往经济、文化、教育、医疗等条件比较落后。然而，城市的发展往往依赖包含经济因素之外很多影响因素的综合作用，通常都是市场信息、人力资源等各种要素集聚和具有一定辐射功能的地区，这种地区的文化往往能够更好与时俱进，绝对不是简单的农业人口向非农业人口简单过渡，也不是简单的某一资源产业的独立扩张。例如，有学者认为，相当数量低水平的能源开采业从业者，并非是真正的非农业人口，其人力资源综合能力并不高，导致资源型城市人力资源水平不高，相当一部分资源型城市现代服务业、市政基础设施等方面不想匹配，产业集聚职能难以实现。通常，产业经济发展一般是从传统的农业经济到第二产业的制造发展，然后通过一定城市产业的更新换代逐步过渡发展至第三产业。但是资源型城市由于在城市发展过程未完全遵守城市升级规律，在一定程度上存在第二产业体系不合理，从而导致转向现代第三服务业时存在较大缺陷，产业体系不完善，产业结构不合理等问题比较凸出。

（四）城市布局不合理

由于资源型城市产业结构比较单一，产业体系中相关企业建设往往依靠资源禀赋条件，而能源资源的地理位置一般比较偏远，距离原始的城市中心存在一定的距离。通常，在资源型城市由于原始城市发展布局难以满足与适应能源企业的快速发展，因此在我国大部分资源型城市中，都存在资源企业建设内部社区体系，建设包含教、科、文、卫等相关的庞大的社区组织，这种社区建设一方面满足了企业在一定时期内发展需要，但同时制约着原有城市功能区域的建设。资源型城市经济中心与其他区域的交错混杂并不符合现代城市的发展要求，这种不合理的城市与企业之间的发展关系，进一步制约着资源型城市的规划与发展。

（五）产业路径依赖严重

通常，资源型城市的产业发展主要依赖能源资源的生产与初加工，资源型城市发展的兴衰主要依赖资源产业的兴衰。由于资源型城市往往是对某一或某几种资源的过分依赖，从而导致资源型城市的生命周期与能源产业发展具有紧密联系，其主导产业单一、生态环境脆弱等一系列问题影响或制约着资源型城市的繁荣与否。因此，资源型城市产业链整体附加值较低，相应的服务水平与技术能力发展滞后。

（六）人力资源整体水平低

由于资源城市的产业结构单一，主要依靠矿产资源开采与初加工为主，并且能源产业比如石油、钢铁、煤炭等产业资本密集，产业固定资本专业性强，产业固定资产变现能力不足，产业退出与转型壁垒较高，产业调整弹性能力差，从而导致相关产业从业人员在学习动力不足。再次，由于资源型城市大多以能源采掘与初加工为主，大多数从业人员人员文化基础薄弱，学习与自学习能力较差，转变工作角色和掌握新的就业技能比较困难，加上资源型城市政府通过对落后产业实施救助或相关行政措施，使得其整体人力资源水平比较低。

第二节　资源型城市转型内涵与意义

一、资源型城市转型内涵

城市经济转型与发展是世界各国、各地区面对的共同话题，只是不同地区、城市的产业基础不同，面对的产业转型与升级的机遇不同。由于产业经济发展规律，不同产业结构与形态受到经济体制、信息技术、科技革命、管理创新等诸多要素综合作用，各级政府必然采取一定措施展开本区域内的产业升级与转型发展布局。例如，在德国、美国等经济发展水平比较高的国家和地区，其科学技术的飞速发展、互联网与金融等现代产业的快速变迁导致本地区的专业逐步转型，科学技术与现代服务成为经济转型的主要推动力量。对经济比较落后的国家和地区，由于经济全球化与一体化的推进，社会结构不稳定、城市化水平相对落成为该国家和地区经济转型发展的主要动力与内在压力。总体来说，不管是经济发达与成熟地区还是经济落后地区，城市转型的根本趋势都是为了引进优质的经济资源，朝着有利于经济发展水平高的方向努力，从而实现地区经济结构与经济增长。

通过上述分析，本书对经济转型发展给出一个一般性的定义：经济转型是指某一城市或者地区由于内外部发展压力，综合运用科学技术、信息技术、管理机制等手段与方法对本区域内经济结构与产业结构进行系统、科学、全面地调整，从而实现本区域经济结构更加合理，经济发展速度得以提升。因此，一个地区的经济转型表面看来是经济结构的优化与产业结构的调整，其实质涉及到经济社会的方方面面，对本区域内的经济社会存在显著影响。当前，由于我国经济发展进入了新的阶段，改革开放进入了深水区，不同城市之间经济发展水平与发展机遇存在显著差异，城市经济转型任务与经济转型目标存在较大差异，对经济转型的内在动因与外在压力各有不同。例如，我国东部沿海城市其进行产业转型的内在动机主要是以科技驱动和环保驱动，转型的目标是建立绿色环保、高新技术的产业经济体系；对我们中部或者西部地区，其经济的转型发展内在动力主要是解决当地经济发展问题，这里的产业结构与产业层次往往较东部地区落后，产业转型的目标则是加快工业化进程，实现经济的快速增长。

资源型城市由于其兴起与发展有着独特的优势与特点，因此其在经济转型发展过程中有着自身独自的规律与特征。与普通城市转型相比，我国资源型城市由于产业结构单一、产业体系不完善、单一产业过分依赖等特征，导致我国资源城市同时是以产业衰落、生态破坏为基础实施城市产业的转型与升级。所以本书界定资源型城市转型的内涵为以产业体系变革、科技创新、信息创新、管理创新和服务创新为基本手段，逐步转变经济结构单一、经济体系不完善、产业过分依赖、产业附加值低等为题，逐步完善城市基础设施建设与社会保障服务，大力发展绿色环保、高附加值的新型技术产业，从而实现资源型城市建设为经济平稳、生态和谐的现代化城市。

二、资源型城市转型意义

资源型城市转型发展既是城市转型发展的必然规律，也是资源型城市实现长久发展必须经历的过程。由于资源型城市在我国国民经济与社会中占有重要作用，而当前资源型城市面临的战略性调整与当前社会经济发展矛盾突出，其关系到我国上百个城市的近亿名居民的就业与生活，是实现我国全面脱贫以及解决贫富差距的重要问题，因此本书主要从资源型城市生存与发展、资源型城社会稳定和国家战略目标三个视角分析。

（一）维护资源型城社会稳定的必然要求

由于我国拥有上百个资源型城市的近亿名居民，因此资源型城市转型发展主要意义之一是维护资源型城市社会稳定的必然要求。尽管近年来我国各级政府建立了不同层级的社会保障措施，但是对一个普通家庭或者个人来说，这些保障措施不能解决根本问题，解决问题的关键就是发展经济，实现劳动者充分就业。在我国，由于近年来国家经济结构的升级与调整，我国资源型城市的传统产业结构不能满足当前国际国内生产发展要求，因此资源型城市容易诱发社会问题与社会矛盾。以辽宁阜新市为例，由于矿产资源的枯竭与环境污染等问题，关闭大小煤矿几十所，涉及的煤矿职工数十万人，造成大量煤矿工人下岗失业，矿工家庭的工作压力持续增强，生活保障难以满足，当地政府财政收入微薄，社会基本保障压力凸显。由于大批矿工下岗失业，难以找到新的就业岗位，诸多生活与工作因素导致其曾经一度出现社会不稳定现象。因此，实现资源型城市转型发展是保障资源型城市社会的必然要求之一。

（二）保障资源型城市生存与发展的必然要求

由于资源型城市的快速建设与成长，没有经历一般城市的自然增长，其基础设施建设一般依靠行政规划来完成，导致基础建设相对一般城市滞后。尤其我国部分资源型城市往往是为了迅速的响应国家建设需要，经过一定的行政干预手段完成城市的初期建设，但是由于国家建设的迫切性常常导致资源型城市在建设与规划过程中缺乏详细的分析，往往存在"先生产后建设"的城市基础设施建设思路，这种模式的弊端随着我国经济社会的快速发展而日益暴露出来，部分资源型城市集聚密度低，加上交通布局不合理，城乡规划不完善，城乡交错凸显，城市功能区域划分与规划不合理。因此，资源型城市要解决生存与发展问题，首要解决的问题就是找到新的产业结构和经济增长点，规划和发展好接替传统单一产业结构的新的产业，从而实现资源型城市的可持续性发展。

（三）实现国家战略目标的必然要求

一方面，国际社会形势变得更加复杂，为世界经济发展贡献中国智慧和中国能力显得格外重要，我国在国际上面临的经济社会问题更加严峻。具体来说，欧美主要国家经历经济危险之后，世界整体经济状态还未得到复苏，我国经济建设环境更加严峻。在政治与国际关系方面，由于美国将其战略中心转移至亚太地区，导致我国面临的国家竞争压力增大。另外，由于美国等西方国家科学技术的快速发展与生态环境观念的转变，对煤炭等不可再生能源的需求将发生根本变化，加上错综复杂的政治关系与地缘关系，将对我国整体经济发展提出更大的挑战，因此发展好资源型城市的产业经济是实现国家战略目标的必然要求。另一方面，我国改革开放已经进入了深水区，到2020年要建设成全面小康社会等一系列的目标，促使资源型城市的转型发展成为必要选择。党和国家提出建设美丽中国战略，因地制宜的优化产业结构、空间布局、生产布局和产业体系等。但是当前资源型城市普遍存在城乡差距大、贫困人口基数大、老龄人口增加、产业结构不合理、生态环境压力大等一系列问题。因此，资源型城市实施转型发展是党和国家实现国家战略的必然选择。

三、资源型城市转型基本特征

由于世界各国都面临着城市转型，尽管不同城市与地区资源型城市转型存在千差万别基础与机遇，但是其资源型城市转型发展作为世界各国面临的基本问题，本身仍有较多共同特征。本书认为我国资源型城市转型发展的基本特征如下：

（一）基础薄弱性

在物质资源方面，由于资源型城市经济结构单一，经济体系不完整，难以形成良好的产业集聚效应，导致资源型城市往往资本外流。由于资源型城市往往发展潜力不足，生态环境较差等因素，因此难以相关产业人才难以引进，人才外流比较常见。对资源型城市来说，由于能源产业的发展比较凸出，长期以来对水、空气、土地的污染较严重，因此资源型城市能源优势并不凸显。资源型城市由于受到资源禀赋等因素的影响，部分资源型城市集聚密度低，加上交通布局不合理，城乡规划不完善，城乡交错凸显，城市功能区域划分与规划不合理，导致资源型城市基础设施成本与难度。随着我国市场经济体制进一步深化，影响地区经济发展以及发展速度快慢在于地区产业集聚能力，并且合理协调发展各种产业要素应有的作用。资源型城市一旦进入衰退期，往往就会伴随着物质资本、人力资源、科学技术等各种生产要素的外流，从而导致产业经济的恶性循环，致使资源型城市的转型发展相比其他城市更加困难。

（二）任务紧迫性

由于各产业经济发展都具有一定的周期性，产业经济发展的周期性较短，但是城市发展的周期性较长，城市发展通常是百年以上，而产业经济发展通常只有几十年，因此产业经济短周期与城市发展长周期存在显著矛盾，资源型城市的发展必定会面临困境。根据统计显示，2002 年我国资源型城市有四分之一进入资源枯竭期，到了 2012 年有半数的资源型城市进入了资源枯竭期，截至 2016 年，我国四分之三以上的资源型城市进入了资源枯竭期。我国资源型城市大多数步入了枯竭期，而我国资源型城市转型起步较晚，相关理论支撑也不充分，各城市之间面临的问题和基础建设各异，发展战略未形成统一理论，社会基础设施建设和社会保障仅进入初步阶段，城市的持续发展、居民省会水平持续提升等问题刻不容缓，从而决定了我国资源型城市转型刻不容缓。

（三）转型过程长期性

资源型城市面临问题错综复杂，不同城市的基础设施、面临的机遇与挑战各不相同，从某种程度来说，资源型城市转型发展比建一座新的城市还艰难。首先，资源型城市现有城市格局的转变很难一蹴而就，城市布局发展并不是立竿见影的效果，需要一个缓慢变化的过程；其次，资源型城市想找到一个或者多个替代产业比较困难，即使能够找到合适的替代产业，新兴产业的发展也不是短时期能够完成的；再次，城市转型的本质是城市主要劳动者的转型，而一个人或者一代人的基本观点一旦确定下来，其世界观、知识能力、工作技能、思维方式就很难全面的得以转型；最后，由于资源型城市相对其他城市来说，城市竞争力本身就不具有优势，因此当资源型城市在缓慢发展过程中，外部其他城市在快速发展，尤其与东部沿海城市的差距约拉越大，从而导致资源型城市的转型发展更加成为需要。综上分析，资源型城市转型发展必定是一个长期性过程，其长期性的特点不言而喻。

（四）转型目标阶段性

与普通城市转型相比，我国资源型城市由于产业结构单一、产业体系不完善、单一产业过分依赖等特征，导致我国资源型城市同时是以产业衰落、生态破坏为基础实施城市产业的转型与升级。因此，我国资源型城市转型发展的难度比一般城市转型发展难度更大，任务更加艰巨，城市的生存与转型发展的矛盾更为严重。这是由于资源型城市在转型过程中紧迫性以及转型过程的长期性，因此资源型城市不管是理论上还是实际发展过程中，必须具有阶段性目标。

资源型城市转型发展的目标既包含长期姓目标，又包含短期目标。在我国，由于近年来国家经济结构的升级与调整，我国资源型城市的传统产业结构不能满足当前国际国内生产发展要求，因此资源型城市存在大量工人下岗、早退与失业等现象，居民基本生活水平与幸福感难以得到保障，由此容易诱发社会问题与社会矛盾，所以资源型城市转型的首要解决问题就是解决当前城市居民的生存与发展问题，缓解城市运行压力。对资源型城市长期发展来说，我国改革开放已经进入了深水区，全面小康社会等一系列的目标，促使资源型城市的转型发展成为必要选择。国内面对资源约束紧急、环境污染严重、生态退化严重等形式，党和国家提出建设美丽中国战略，因地制宜的发展绿色经济、循环经济、低碳经济，逐步形成资源节约型、环境友好的产业结构、空间布局、生产布局和产业体系等，而当前资源型城市普遍存在城乡差距大、贫困人口基数大、老龄人口增加、产业结构不合理、生态环境压力大等一系列问题。因此，资源型城市实施转型发展目标的阶段性既是资源型城市发展的必然要求，也是城市发展、经济发展的必然规律。

第三节　资源型城市优势理论

一、比较优势理论

比较优势理论最早由大卫·李嘉图提出，通过近百年的发展，比较优势理论得到不断完善与发展，其中不少学者将比较优势理论用于分析资源型城市的转型发展问题中。总体来说，比较优势理论通过保罗克鲁格曼等学者集合自然地理相关理论创建了新的国际贸易理论，成功运用于世界贸易相关问题的分析。另外，比较优势理论通过经济学家萨谬尔森等相关学者的发展与完善，创立了著名的要素价格理论、静态经济优势理论、动态经济优势理论等。学者雷布津斯基通过对经济问题的系统分析认为，不同资源要素的变化决定着地区或者企业的资源拥有与配置的权力，影响着整体产业的转型与变化，从而形成著名的动态经济学理论。根据动态比较优势理论的相关观点，由于不同地区的自然资源不一致，其竞争优势在发生着显著的变化，从而进一步影响地区产业和资源的结构，与之相对应的产业资源、市场供给要素都发生变化。具体来说，早在20世纪80年代我国实行改革开放和市场经济的初期，我国经济最大优势之一就是人力成本低廉，人力资源费丰富，面临的主要问题就科学技术、信息技术落后，相对世界其他国家而言，我国当时各项事业发展比较落后。如今，经过改革开放和市场经济的快速发展，我国科学技术和信息技术从原来的短板变成如今经济竞争的核心竞争力，而当出人力成本低廉、人力资源丰富的优势已经一去不复返，因此任何地区和国家的经济优势与要素优势都是动态变化的。不同经济要素与自然要素对经济增长的影响往往是动态变化的，其供给与需求共同决定了地区和城市的产业结构和经济变化，当要素供给处于优势地位时，将推动该地区的经济增长。

二、资源诅咒理论

根据比较优势理论的基本观点，一个地区或城市如果具有丰富的自然资源，则可以通过发挥资源丰富的优势进行产业投资与开发，发挥优势资源的产业经济从而促进本地区经济的有序增长。该观点在段时期内得到了学术界和业界的大力支持，揭示了地区经济发展与地区自然资源的正向关系，生产要素丰富经济发展动力强劲得到了大多数人的支持。通常，在一个地区其他条件相当下，相对生产要素不发达、不丰富的地区，自然资源丰富、生产要素充分的地区往往凭借其优势而实现产业经济的发展，促进本地区经济的快速增长。例如，19 世界末，美国成为世界矿业资源出口的国家，从而使美国在该时期工业生产总值跃居世界首位。与此形成鲜明对比，许多地区由于资源匮乏，经济发展一直处于低水平运行，其经济增长明显低于资源丰富的地区。

然而，随着世界经济的快速发展，科学技术与信息技术的飞速发展，很多资源丰富的国家和地区的经济发展速度却比不上资源相对匮乏的地区。例如，日本经济的快速崛起，"亚洲四小龙"经济的飞速发展等，使得人们重新思考经济增长动力和经济发展理论。其中，20 世纪 50 年代，经济学家普雷维什辛格等人提出的"资源诅咒"理论得到了一部分人的关注与支持，用来解释资源丰富地区经济增长速度反而较缓慢的现象。尤其在 20 世纪末，美国经济学家萨克斯等人通过对比世界范围内主要国家和地区的资源储藏及开发数据与该地区经济发展与经济增长数据，研究发现，通过剔除初始收入、国家政策、政府投资等其他生产要素的作用，专门研究资源充裕程度与经济增长之间的关系。结果表明，在世界绝大多是地区，自然资源充裕程度较高的地区，其经济发展水平低于资源资源匮乏地区，也就是说，自然资源丰富地区，其经济增长速度在该时期没有自然资源匮乏地区快，这一观点后来形成了著名的"资源诅咒"理论。

三、资源优势与资源诅咒

由于地区自然资源或能源的短暂富有导致某一地区经济的过度繁荣与快速扩张，物质资本的快速扩张与地区经济消费的持续过热，从而导致地区经济自然资源高出长期均衡水平，此时就出现了资源优势现象。不过，当地区经济由于自然资源的枯竭或者产业政策等原因出现经济下滑时，该地区的经济发展就出现了资源诅咒现象。该现象通过经济学家萨克斯对产业经济的系统分析，从而得出了著名的物质资本扩张理论，是新古典模型的主要代表之一。20世纪70年代，由于世界范围内石油供给不能满足当时市场生产的需求，从而导致经济整体运行水平下滑，出现了严重的经济滞胀。根据新古典模型的解释，新古典模型通常是代表经济个体中所拥有相同的自然资源和市场机遇，然而在实际生产与生活中，不同经济主体或经济个体之间存在着明显差异，具体来说，资源富饶地区的相关管理者与相关开发者进行私下交易时候，地区产业繁荣与产业经济的发展往往带来的是地区某一小部分人的富有，如某一地区的官员与能源企业家之间勾结，因此新古典模型很难解释该种现象。

政府工作效率与产业政策与资源诅咒。由于地区的自然资源丰富，资源型城市的产业经济主要依赖某一种能源资源及其延伸的相关产品，这往往导致资源型城市形成较为落后的产业政策和政府工作效率。因为相对地区资源匮乏的城市而言，资源型城市由于富有丰富的资源，其产业政策往往是依赖重工业或者初始能源采掘以及初加工等，从而限制了其他产业的发展，如第三产业。对市场竞争体制而言，由于资源型城市往往较一般城市对市场的激励措施较小，因此资源型城市还是往往通过政府的政策保护等相关措施进行相关其他产业的刺激，从而形成更好的产业结构。事实证明靠产业保护或者产业扶持的措施进行地区产业发展，难以较市场竞争形成的产业升级快，因此出现了政府工作效率与产业政策与资源诅咒之间的矛盾。

人力资本与资源诅咒。通常，资源型城市的人力资本与资源诅咒之间会产生矛盾，主要包含以下几种表现方式。一是由于资源型城市在产业发展黄金时期，产业相关从业者待遇较一般城市待遇要好，从而弱化了相关从业者的再学习动力，减少了对人力资本的投资，除非政府或企业出资安排相关从业者的再学习，否则难以形成再学习的氛围。因此，一旦资源型城市产业经济出现不景气，成业传统就业机会减少的时候，地区的人力资源就会难以支持城市的经济转型与升级，从而形成人力资本与资源诅咒的现象。二是由于资源型城市的产业经济发展较为缓慢，往往通过发展资本密集型产业来代替对人力资本的投资对经济增长的作用，比如煤炭产业来说，其产业经济的增长主要是通过资源开采的快速扩张而不是对人力资本的投入，因此人力资本投在在这种产业经济背景下收效甚微，从而导致资源型城市的资源诅咒与人力资源相关矛盾。三是由于资源型城市地区经济或者产业经济的增长一直以来是靠资源优势形成的，因此在地区文化或者教育理念中，可能形成能源效率替代技术进步效率的观点，人们忽视或者根本不重视人力资本投资的习惯已经生成，从而形成人力成本与资源诅咒的现象。

四、比较优势与竞争优势

比较优势理论通常是针对国家与国家之间存在的产品、资源等相关生产要素之间的比较，尽管相对优势的资源要素具有一定优势地位，但是在国际市场竞争中，优势资源未必拥有优势的国际竞争优势，而竞争优势洽洽是国际竞争之间的关键。竞争优势是与比较优势不同的一个概念，两者之间既有联系又有区别。竞争优势通常是指在企业或者经济组织向顾客或者目标消费群体提供某种特殊产品或者服务时，相对其他同行业竞争者来说能够创造独特的价值属性，这种价值属性来自企业或者组织对资源的生活与加工或者该种资源固有的属性。通常，具有竞争优势的的产品在一定时期、一定的区域或者行业内都具有一定的垄断优势。近年来，由于市场经济的进一步发展，经济全球化与一体化进程的持续推荐，加上科学技术、信息技术的的飞速发展，从世界范围角度来说，物质生产要素对人力资本的替代，新科技新材料对资源资源的替代以及人力资本对普通劳动资源的替代这世界范围内盛行，从而导致发展中国家或者地区在世界经济竞争中通过自然资源的富有而形成的比较优势基本消失，不再具有垄断性。因此，对产业经济来说，资源型城市由于具有一定自然资源而参与经济全球化分工，短时间内资源型城市或者国家可能获得一定的比较优势，但是随着经济的进一步发展，这种比较优势将逐步消失，产业分工、产业升级将成为该地区面临的主要问题，很难依靠资源优势来缩短与国家之间或者发达地区的差距，我国部分资源型城市就是很好的例子。

因此，对发展中地区或者国家而言，要想摆脱资源的诅咒或者说资源带来的经济增长负面作用，因此就要进行一定的产业结构的调整，必须从以往的比较优势转化为经济发展的竞争优势。竞争优势战略通常是指在企业或者经济组织向顾客或者目标消费群体提供某种特殊产品或者服务时，相对其他同行业竞争者来说能够创造独特的价值属性，这种价值属性来自企业或者组织对资源的生活与加工或者该种资源固有的属性，其着重与优化产业经济的长期优势，为了实现地区产业经济的稳定可持续性发展，资源型城市或者地区应在短时期能充分发挥比较优势，积累一定的人力、物力和财力，从而为获得稳定的、长期的竞争优势做准备。

第四节　资源型城市研究简要评述

近年来，由于资源型城市经济发展、生态保护、环境治理等经济社会问题突出，加上一般城市经济快速增长，资源型城市转型发展势在必行，资源型城市各级政府和企业受到内外压力，已经开始对资源型城市转型发展相关问题展开分析与探讨。但是，由于我国资源型城市分布的特征各不相同、分布位置错综复杂，尤其部分地区的产业转型效果难以评价，新的产业转型升级的内在机理难以挖掘，未来发展效果难以预测，目前理论界很难有完全科学、实用的方法与策略支持资源型城市的转型实践，对转型效果的科学评价、预测和指导难以落到实际操作层面。总体来说，有如下几个特点：

第一，从研究内容视角分析，我国学者关于资源型城市的研究主要集中于概念、标准、数量以及与此相对应的产业对策、转型策略等，对资源型城市的实证研究由于受到各方面的限制，难以形成可操作的建议。对资源型城市转型效果的机理与转型效果的科学评价明显不足，对资源型城市转型效果的预估研究缺乏。

第二，从研究方法视角分析，我国学者关于资源型城市转型研究大多数还是基于描述性和规范性研究，基于数据驱动的数理统计、计量研究偏少。因此，在大数据时代背景下，对资源型城市的转型发展效果展开科学评价和定量预测值得加强。

第三，从学科归属视角分析，我国学者关于资源型城市转型研究主要包含西方经济学、产业经济学、发展经济学、社会学、政治学和管理学等不同领域的研究学者，分别从不同学科背景视角分析城市转型发展的规律与对策。因此，在大数据时代背景下，运行机器学习、计量经济学等不同学科对资源型城市发展研究有着新的要求，从而为资源型城市转型发展提供更加科学合理的对策。

综上分析，本书认为关于我国资源型城市转型发展的评价与预测研究应当着重从以下四个方面展开研究：一是基于大数据时代背景下，资源型城市转型效果评价和转型策略的制定应该以数据驱动为主，并且运用一定的实际案例对具体的资源型城市展开特定分析。二是在资源型城市转型研究的的内容上，应该加强对现有转型效果的评价研究，发现现有转型措施与转型效果所暴露的问题，从而通过一定的定量分析方法剖析现有转型路径存在的问题，并且参考国内外同类型城市转型措施与经验促进资源型城市发展，同时预估不同类型城市相关发展策略对资源型城市转型效果的影响。三是对资源型城市的研究方法来看，应该讲传统统计分析、管理评价与当前新的技术方法记性有效结果，比如支持向量回归、神经网络、集成学习等机器学习的方法与理论。四是资源型城市转型发展是一个系统工程，其内部作用机理既有共性也有个性，因此应该将资源型城市普通转型机理与个别城市的独有特征进行结合，因地制宜的制定相关策略。与此同时，将国外的先进的转型经验与国内相关理论相结合，将现有转型效果与城市未来转型发展效果相结合，结合资源型城市实际背景展开研究。

第三章　资源型城市转型效果评价

　　由于评价活动存在于人类生产生活的方方面面，根据评价客体自身特征，面向评价主体的评价目的，采用一定的科学方法对评价客体展开评价具有显著重要性。关于主体评价的研究一直以来倍受理论界关注，评价主体按照行业内一定的标准或理论，从不同视角综合运用调查、观察、科学计算等方法对评价对象展开全面综合评估，这种评估通常基于一定的目的，评价的标准通常根据评价主体的目的和评价方法的不同而具有差异。通常，为了使评价结果更加科学、客观、全面、公正，需要从两方面展开价值关系发现，其一是评价活动与评价主体之间的价值关系，一般来说评价活动都具有一定目的性，评价主体对评价客体展开评价活动是为了一定的效用或者价值发现；其二是评价活动与评价对象之间的规律发现关系，即只有对评价客体的客观认知，才能符合评价活动的发展规律，才能形成全面、客观、科学、公正的评价。

第一节　资源型城市转型效果评价指标体系

　　在进行经济管理实践活动中，需要从两方面综合考虑展开评价活动，既要从评价对象的客观事实出发，遵循客观科学的规律对评价客体展开公正评估，同时也要考虑评价活动与评价主体的价值关系，即为评价主体的科学决策服务，这样才使评价活动具有一定的意义。因此，如何构造或选择合理的评价工具与评价方法对评价活动有着显著的重要性，评价活动的主体按照一定目的根据一定的评价程序和评价方法对客体展开综合评价，从而实现评价活动的一定理论与现实意义。本书为了实现对资源型城市转型效果与发展预测的综合研究，因此系统、全面构建资源型城市转型效果评价体系，对资源型城市展开科学的评价是实现本书研究目标的关键步骤。

一、评价原则

科学构建资源型城市转型效果评价指标体系是实现客观的评价效果的第一步。因此，为了实现科学、客观、公正的资源型城市转型效果评价，首要工作是进行评价指标的选择。通常，如果评价指标选取过多，指标之间就相对某一具体的评价主体存在显著地相关性，从而形成虚假的评价结果；如果选择的评价指过少，则会导致评价结果不全面，从而对评价客体形成片面的影响。因此，对资源型城市转型效果研究的首要工作是选择科学、合理的评级指标，每一项指标的科学选择都能客观反映资源型城市转型效果的某一方面，综合运用所选指标能够全面、真实反映资源型城市城市转型发展成果，同时能够避免资源型城市评价要素之间的线性相关性，使得评价活动科学、有效进程。因此，本书在选取资源型城市转型效果评价的遵循以下基本原则：

（一）代表性

评价指标的代表性是指在进行评价活动时，为了使评价结果更加全面，选择的评价指标应全面反映评价对象的方方面面，同时应该避免评价指标的高度相关性，因此要求在选择评价指标时应该遵循代表性。因此，本书选择资源型城市转型效果评价指标时遵循代表性原则。

（二）明确性

评价指标的明确性是指在进行评价活动时，为了使评价结果更加精准，选择的评价指标就应准确反映评价对象的优势与不足，同时应该避免评价指标的高度相关性，因此要求在选择评价指标时应该遵循明确性。因此，本书在选择资源型城市转型效果评价指标时遵循明确性原则。

（三）可行性

评价指标的可行性是指在进行评价活动时，为了使评价活动能够顺利展开，选择的评价指标应该是可实现的，因为评价活动具有一定的经济成本和研究目标，在选择评价指标时同时应该降低评价活动的经济成本，因此在要求选择评价指标时应该遵循可行性。因此，本书在选择资源型城市转型效果评价指标时遵循可行性原则。

（四）可计量性

评价指标的可计量性是指在进行评价活动时，为了使评价结果更加客观，选择的评价指标通常要求是可计量的，因为评价活动具有一定的研究目标，评价结果应该能支持一定的管理决策。因此，本书在选择资源型城市转型效果评价指标时遵循可计量原则。

（五）系统性

评价指标的系统性是指在进行评价活动时，为了使评价结果更加全面，选择的评价指标通常要求是从系统的视角全局来考虑，评价结果应该能全面真实反映评价对象特征。因此，本书在选择资源型城市转型效果评价指标时遵循系统性原则。

二、评价流程

科学构建资源型城市转型效果评价指标体系是实现客观的评价效果的第一步，而对评价活动来说，科学的评价流程和评价步骤也是必不可少的。因此，为了实现科学、客观、公正的资源型城市转型效果评价，另一个重要的过程就是遵循科学的评价流程。评价内容虽然存在着千差万别，但是评价活动的科学流程总是大致相同的，通常包含以下几个方面：

（一）提出问题

通常，根据评价主体所关注的科学问题，通过一定的评价动机和评价可能性的评估，形成明确的评价问题，主要包含评价指标的选择、评价体系构建、评价数据获取来源评估以及评价资料可用性的评估等。

（二）确定主体

评价主体确认通常包含两个方面，一方面是评价主体以及评价主体主要参与者与关注对象有哪些，另一方面是指确定参与此次评价活动的组织者以及组织形式主要是何种表示，只有明确这两个问题，才能保证评价主体确定。

（三）确定目的

确定评价目的通常是指通过系统分析从而确定此次评价活动想要得到评价客体什么方面的信息，达到什么样的效果，付出什么样的成本以及实现什么样的目标等问题的确定。

（四）确定方法

不同评价方法对评价结果产生不同影响，如果选择的评价方法太客观，则会导致评价结果不能满足研究需求。因此，确定合适的评价方法对资源型城市转型发展效果的评价至关重要。

（五）反馈结果

评价活动都具有一定目的性，评价主体对评价客体展开评价活动是为了一定的效用或者价值发现，评价活动与评价对象之间的规律要求只有对评价客体的客观认知，才能符合评价活动的发展规律，才能形成全面、客观、科学、公正的评价。因此评价活动流程中应该包含评价结果反馈环节，即评价结果在一定程度反馈评价主体，根据评价目的形成对比，实现动态调整。

总体来说，为了实现科学、客观、公正的评价，满足评价主体对评价客体的决策支持，识别评价目的、选择评价指标、构建评价体系、选择评价方法等环节是一个循序渐进的过程。首先，通过识别评价目的，选择一定的评价指标体系，构建一定评价模型，通过科学计算与分析，对评价对象进行测试，将初步评价结果对评价主体进行反馈；如果评价结果满足评价主体的达到评价主体的研究目的则终止评价，如果未能达到相关目标则重新测算，直至实现评价目标。

三、评价体系设计

根据上面分析选取评价指标的代表性、明确性、可行性、可计量性和系统性原则，本书在根据文献综述部分对国内外关于资源型城市转型效果研究指标分析的综合梳理，基于以下六点基本理论选择评价指标和构建最终的评价体系。

（一）产业结构优化理论

资源型城市转型发展的的基本方式之一就是优化产业结构，因此产业结构的发展水平与结构特征将是影响资源型城市转型的主要衡量指标之一。根据资源型城市产业结构的能够有效实现资源型城市当前发展目标和未来长久发展的统一与协调，既能保证资源型市当前经济的发展水平，又有利于未来几年或几十年经济的持续增长。因此，产业结构优化理论主要是对城市产业可持续发展提供依据，通常认为在资源型城市产业发展中，第二、第三产业所占经济总量的比重越高，城市的产业发展水平越好，即城市转型效果就越好。资源型城市的产业结构优化主要反映的是资源型城市各产业结构占本城市或地区中的生产总值的比重，结构优化通常视为提高第二、第三产业对经整体经济总量的比重情况，尤其是第三产业占比情况，使之达到最佳状态。因此，本书在现有相关数据可获得性的前提下，主要从第三产业增加值占生产总值比重、第二产业占生产总值比重，以及城市规模以上工业生产增加值三个方面评价资源型城市产业优化水平。

（二）经济发展水平理论

资源型城市转型发展的的基本目标之一就是要提高经济发展水平，因此资源型城市的经济发展水平及发展状态是影响资源型城市转型效果的主要衡量指标。为了实现资源型城市产业经济发展的稳定增长的目标，资源型城市所选择的产业发展方式必须能够有效实现资源型城市当前发展目标与未来长久发展的协调，既能保证资源型市当前经济的发展水平，又有利于未来几年或几十年经济的持续增长。因此，资源型城市经济发展水平既要既要培育好新的经济增长点，又要以有效促进经济增长和提高居民基本生活为前提。因此，本书主要从人均 GDP、经济增长率、城镇居民恩格尔系数、实际利用外资金额、社会固定资产投资总额、财政收入占地区生产总值比重六个方面评价资源型城市经济发展水平。

（三）资源利用与保护理论

实现资源的有效保护和资源的合理利用资源型城市转型发展的的基本目标之一，因此资源型城市的资源利用与保护水平是影响资源型城市转型效果的主要衡量指标。资源型城市所选择的产业发展方式必须在充分利用本地区的资源的基础上合理的保护资源，从而满足资源型城市的经济的有效合理增长，使资源型城市的自然资源既满足当前发展目标，又能够为未来长久发展提供有力的动力与基础，有利于未来几年或几十年经济的持续增长。因此，本书主从城市淡水储藏总量、城市资源能源量、年发电总量三个方面评价资源型资源的利用与保护水平。

（四）居民收入优化理论

提高居民的经济收入和经济水平是资源型城市转型发展的的基本目标之一，因此资源型城市的居民可支配收入水平与增长状态是影响资源型城市转型效果的主要指标。为提高资源型城市居民的经济收入和经济水平，资源型城市所选择的产业发展方式必须满足提高资源型城市居民可支配收入水平，实现居民经济收入的有效合理增长。因此，本书主要从居民平均工资收入、人均可支配收入、人均消费性支出和城市居民人均住房面积四个方面来评价资源型城市居民收入优化水平。

（五）社会保障优化理论

资源型城市转型发展的的基本目标包含提高资源型城市的居民基本保障水平，因此资源型城市的居民基本保障水平状与发展状况是影响资源型城市转型效果的主要衡量指标。为了提高资源型城市居民基本保障水平，实现产业经济发展的稳定增长的目标，满足居民的基本生活需求和有效实现资源型城市当前发展目标与未来长久发展的协调，既保证资源型市当前社会生活的基本需求水平，又有利于未来几年或几十年居民生活保障水平的有效提高。因此，本书主要从城镇居民基本养老金、城镇基本医疗保险以及城镇居民失业率水平来评价资源型城市社会保障水平状态。

（六）生态环境保护理论

环境治理与生态保护是资源型城市转型发展的的基本目标之一，环境治理是指资源型城市由于经济建设或人民生活而导致环境受到不能程度的污染和破坏，资源型城市通过一定的方式对环境控制的过程，而生态环境保护是资源型城市环境治理所需要实现的目标。在面对资源约束紧急、环境污染严重、生态退化严重等形式提出建设美丽中国战略，因地制宜的发展绿色经济、循环经济、低碳经济，实现资源型城市经济的可持续发展，资源型城市所选择的产业发展方式必须在尊重生态环境保护的前提下实现资源型城市的整体经济的有效合理增长。因此，本书从建成区绿化覆盖率、森林蓄积量、城市生活污水处理率、工业固体排放处理率四个方面来评价资源型城市生态环境保护水平。

第二节　资源型城市转型效果评价方法与模型

一、主要评价方法

一般来说，评价主体从不同视角综合运用调查、观察、科学计算等方法对评价对象展开全面综合评估，通常由于各个指标相对评价主体来说存在较大差异，其重要性以及对应的数据分布特征存在较大差异，从而对不同层次、不同状态、不同问题的选择不同的评价方法。因此，本书对当前主要的科学计算评价方法归类如下：

（一）层次分析方法

层次分析法是20世纪中期以来国内一直比较盛行的方法，是通过将系统的问题进行分解成每一基本问题、基本准则、基本目标要素之后，在针对每一个基本目标展开定量分析的过程，通过构造判断矩阵从而确定评价指标的权重，从而确定评价对象的得分。

（二）模糊综合评价法

由于部分研究问题之间的界限不清晰，导致问题要素与研究问题、研究要素与问题要素之间的边界模糊，因此通过模糊数学的处理思想来对研究对象展开综合评价。模糊综合评价的方法通过对评价数据的模糊集合的构建，根据最大隶属度原则，对评价对象展开定量评价。

（三）仿真建模方法

系统仿真建模是指通过对研究对象面对的研究问题进行科学抽象，通过系统工程的相关理论与方法，对研究问题的反复进行挑战与仿真使其逼近原始真实值。系统仿真建模方法对解析几何建模难以解决的相对复杂的管理问题来说，仿真建模可以快速求解从而实现对评价对象的逼近还原。

（四）机器学习方法

机器学习是指通过研究问题进行科学学习，通过研究计算机怎样模拟研究对象的相关研究问题从而实现人类的学习行为。由于机器学习通过不断获取新知识或技能，面向研究问题重新组织已有的知识结构，快速求解从而对研究对象的逼近，使机器不断优化从而改善自身性能。

（五）智能算法

智能算法通常是指模拟或者学习生物界、自然界的相关规律而形成新型计算科学算法，如常见的一曲算法、蝙蝠算法、遗传算法等，通过模仿自然界相关机制来解决复杂的管理评价问题。具体来说，通过对管理评价问题的相关数据展开分析，按照某一生物特征来构建学习算法的提取问题特征，从而实现对评价对象的准确评价。

（六）数据包络分析

数据包络分析是当前比较常见的一种评价方法，主要通过研究对象的投入、产出的相对转化效率展开评价，本质是一种线性规划问题。通过对研究对象的投入与产出比例展开分析，计算研究对象的投入与产出比率，得出研究对象的有效前沿面，从而实现对研究对象的评价。

（七）组合评价方法

组合评价方法是指由于每一评价方法本身都存在缺陷，都有自身所适应的范围和优势领域，因此面对复杂的评价问题运用某一单一方法很难全面评价。因此，为了使评价结果更加可信，运用组合评价方法可以有效降低解决的单一评价方法的缺陷，如当前比较热门的集成学习就是运用该种基本原理。

（八）混合评价方法

混合评价方法是指通过综合运用多种评价方法与评价模型，充分方法不同模型与方法的优点对评价对象展开定量评价，从而实现评价对象的科学评价，为评价主体进行科学决策提供决策依据。

（九）聚类评价方法

上述九种评价方法都有属于有标签的评价方法，但是在实际管理问题研究中，存在许多研究对象是没有标签的，这时候人们通过对拥有相关或者相同属性的研究对象进行聚类分析，寻找评价对象之间的相似度从而确定为同一类，从而实现对评价对象的科学评价。

二、资源型城市转型效果整体模型

（一）层次分析模型

层次分析法作为一种主流的评价方法在我国的发展主要起源于自 20 世纪中期，层次分析法通过将面向一个复杂问题进行有效分解，按照一定的准则和标准，对面向对象的复杂问题进行逐步分解，通过运用矩阵理论中关于判断矩阵从而判断不同基本要素的权重，实现对每一具体要素进行定量分析，从而得到评价对象的综合得分。

层析分析法通过将评价对象的逐步分解，从而对社会生产生活中复杂对象的相关问题展开综合评价。通常，在复杂的社会经济活动中，经常面临着相互作用、相互制约的因素组成评价问题的复杂系统，层次分析模型通过将评价对象的逐步分解，通过对每一要素的权重展开评价，从而对社会生产生活中复杂对象的相关问题展开综合评价，揭示评价对象的综合水平或者能力。

层次分析模型的基本思想如下：面向一个复杂的研究对象，根据研究对象的某种特征，从而分解为一个科学、有序的系统，从而划分为关键的组成要素；通过判断矩阵，运用矩阵理论的相关理论与方法，从而确定不同组成要素的权重；通过不同要素的权重值与要素之间展开综合计算分数，从而展开评价，得到研究问题的最终得分。

（二）因子分析评价模型

因子分析同样作为一种主流的评价方法在我国的发展具有较长的历史，并且当前一直受到各领域学者的热爱，因子分析法通过将面向一个复杂问题进行有效分解，而这些要素之间可能存在着相互的关联、制约，因此，因子分析法就是按照一定的准则和标准，对面向对象的复杂问题进行逐步回归，通过运用回归理论中关于回归因子距离计算从而判断不同因子的权重，对每一具体因子进行定量分析，从而得到评价对象的综合得分。

因子分析法通过将评价对象的逐步分解为各个因子，从而对社会生产生活中复杂对象的相关问题展开综合评价。通常，在复杂的社会经济活动中，经常面临着相互作用、相互制约的因素组成评价问题的复杂系统，因子分析模型通过将评价对象的逐步分解，通过对每一影响因子或者影响因素的系数展开评价，从而对社会生产生活中复杂对象的相关问题展开综合评价，揭示评价对象的综合水平。

因子分析法的基本思想如下：面向一个复杂的研究对象，根据研究对象的某种特征，从而分解为一个科学、有序的系统，从而划分为关键的组成因子或者要素；通过回归分析，运用均值回归的相关理论与方法，从而确定不同组成因子或者因素的作用系数；通过不同因子的系数与因子之间的关系展开综合计算，从而展开评价，得到研究问题的最终得分。

运用因子分析进行综合评价过程中，应该注意以下两点：一是因子变量之间的划分必须具有相关性，如果变量之间相互独立，那么变量的回归分析就会无效；二是因子分析过程中，应该将变量关联性较好的因子划分为同一组，这样既不影响因子间的内在关系，又能较好地识别关键因素。

（三）BP 神经网络模型

BP 神经网络作为一中产生相对较晚评价方法是产生于 20 世纪 80 年代中期，该方法是由人工智能专家模仿神经系统而构建的，本质是一个网络系统结构。BP 神经网络作为神经网络的一种主要方式，包含从正向传导信息方向和反向传误差的两个步骤组成，实现整体结构化风险最小为目标，通过不断学习的过程从而实现有效评价。

BP 神经网络通过将评价对象的逐步分解为各个神经元，从而对社会生产生活中复杂对象的相关问题展开综合评价。通常，在复杂的社会经济活动中，经常面临着相互作用、相互制约的神经元而组成问题的复杂系统，BP 神经网络通过将评价对象的逐步拟合，通过对每一影响神经元的路径系数展开评价，从而对社会生产生活中复杂对象的相关问题展开综合评价，揭示评价对象的综合水平。

BP 神经网络的基本思想如下：面向一个复杂的研究对象，根据研究对象的某种特征，从而分解为一个科学、有序的系统，从而划分为关键的组成神经元；通过正向传导信息和反向传误差分析，运用核函数的相关理论与方法，从而确定不同组成神经元的作用系数；通过不同神经元的系数与神经元之间的关系展开综合计算分数，从而展开评价得到研究问题的最终得分。

（四）模糊综合评价模型

模糊综合评价作为一种常用的评价方法在我国的运用与发展有着较长的历史，模糊综合评价通过模糊数学理论将面向一个复杂问题进行有效分解，按照一定的准则和标准，对面向对象的复杂问题进行逐步分解，通过运用模糊数学理论中关于判断评价要素权重的信息理论从而判断不同基本要素的权重，从而对每一具体评价要素进行定量分析，从而得到评价对象的综合得分。

模糊综合评价通过将评价对象的逐步分解，从而对社会生产生活中复杂对象的相关问题展开综合评价。通常，在复杂的社会经济活动中，经常面临着相互作用、相互制约的因素组成评价问题的复杂系统，模糊综合评价通过将评价对象的逐步分解，通过对每一要素的权重展开评价，从而对社会生产生活中复杂对象的相关问题展开综合评价，揭示评价对象的综合水平。

模糊综合评价模型的基本思想如下：面向一个复杂的研究对象，根据研究对象的某种特征，从而分解为一个科学、有序的系统，从而划分为关键的组成要素；通模糊数学理论，运用信息熵的相关理论与方法，从而确定不同组成要素的权重；通过不同要素的权重值与要素之间展开综合计算分数，从而得到最终得分。

（五）信息熵评价模型

在实际问题评价过程中，由于不同问题所包含的影响因素、同一问题不同影响因素间的的具体含义、具体信息均存在差异，因此不同影响因素之间的作用和影响均存在较大差异。信息熵根据研究对象不同组成要素间的基本信息值，从而确定不同评价要素之间的熵值大小。当评价问题的各组成要素处于一个等概率的状态时，此时评价问题所包含的评价要素之间存在相同的地位，某一具体的评价要素则富有的熵值较大，对应的权值则较小，说明其对评价体系中的地位就越小，对评价结果的贡献率越小。

信息熵评价模型的基本思想如下：面向一个复杂的研究对象，根据研究对象的某种特征，从而分解为一个科学、有序的系统，从而划分为关键的组成要素；通过信息理论，运用熵值得出相关理论与方法，确定不同组成要素的权重；通过不同要素的权重值与要素之间展开综合计算分数，从而展开评价得到研究问题的最终得分。

（六）灰色综合评价模型

灰色综合评价作为一种常用的评价方法，通过运用已经信息对一个复杂问题进行有效模拟，按照一定的准则和标准，对面向对象的复杂问的未知情况题进行逐步模型，通过运用灰色理论中关于判断评价要素权重的相关理论从而判断不同基本要素的权重，从而对每一具体评价要素进行定量分析，从而得到评价对象的综合得分。

灰色综合评价通过将评价对象的逐步分解，从而对社会生产生活中复杂对象的相关问题展开综合评价。通常，在复杂的社会经济活动中，经常面临着相互作用、相互制约的因素组成评价问题的复杂系统，灰色综合评价通过将评价对象的逐步分解，通过对每一要素的权重展开评价，从而对社会生产生活中复杂对象的相关问题展开综合评价，揭示评价对象的综合水平。

灰色综合评价模型的基本思想如下：面向一个复杂的研究对象，根据研究对象的某种特征，从而分解为一个科学、有序的系统，从而划分为关键的组成要素；通灰色理论，运用对已知信息的有效挖掘的方法，从而预测未知数据的相关信息得到最终得分。

（七）数据包络分析

在实际问题中，将一个评价对象看做一个生产的过程，在生产过程中各组成要素通过中间转化的决定单元（DMU）进行转化，各组成要素就是研究对象的评价指标，不同评价指标的具体含义、数量等各方面均有所差异，对揭示问题本质的能力也是各不相同，而决策单元（DMU）的最终目的就是为了实现"生产最大化"即"效用最大化"。因此，在数据包络进行评价时，为了能够根据实际经济意义用评价要素的效用大小来描述评价对象的优劣，从而确定不同组成要素的权重。

数据包络分析模型是根据各种不同组成要素相对价值的大小从而确定其具体评价指标"效用",从而确定不同评价要素的权重,是一种经典的"相对效率"的方法。当评价系统中组成要素处于无效用时,即生产要素的无效用时,系统的生产效率相对最差,表明该评价指标中所含有的效用对最终的生产效用毫无影响。

数据包络分析模型的基本思想如下:面向一个复杂的研究对象,根据研究对象的某种特征,从而分解为一个科学、有序的"生产过程",从而划分为关键的"生产要素";通过"相对效率"理论,运用DMU的相关理论与方法,确定不同生产要素的权重;通过不同生产要素的权重值与要素之间展开综合计算分数,从而展开评价得到研究问题的最终得分。

(八)支持向量回归

支持向量机(SVM)依据Vapnik统计学习原理与基本理论,以分析结构整体结构化风险最小化为基本的出发点,通过将低维空间中相关因素的线性相关性通过核函数映射到高维空间,从而实现相关因素的非线性计算。支持向量机(SVM)自构建以来,一直是机器学习或者管理评价中的主要方法之一,有效解决局部过小或者过学习、过拟合的问题。支持向量回归(SVR)是在支持向量机(SVM)的基础上发展而来的,支持向量机(SVM)是相通过分析和学习成一个超平面,从而实现研究对象的准确分类,而支持向量回归(SVR)则是通过学习,从而得到一个回归曲线,从而实现对研究对象的准确拟合。

三、资源型城市转型整体模型的优缺点

(一)层次分析模型优缺点

优点:层次分析方通过将面向一个复杂问题进行有效分解,按照一定的

准则和标准，对面向对象的复杂问题进行逐步分解，通过主观赋值与客观确定权重的方法综合判断不同基本要素的权重，其层次结构系统、有层次，整体架构通常严整、明了，从而对每一复杂问题进行定量分析与定量分析相结合，从而得到评价对象的综合得分。

缺陷：层次分析法作为通过面向对象的复杂问题进行逐步分解，通过主观赋值与客观确定权重的方法综合判断不同基本要素的权重，其在主观赋予分数的过程中，往往由于不同决策者或者专家的自身知识的限制或者规定，从而导致其赋值权重的主观性太强，出现评价结果不合理的现象。

（二）因子分析法的优缺点

优点：因子分析法通过将面向一个复杂问题进行有效分解，通过对各要素之间存在的相互关联、制约关系进行挖掘，构建主要因子（主成分分析）。因此，因子分析法就是按照一定的准则和标准，对面向对象的复杂问题进行逐步回归，按照方法贡献度大大小来判断不同影响因子之间的大小关系，通过运用回归理论中关于回归因子距离计算从而判断不同因子的权重，识别和构造不同主要成分之间的权重而展开定量分析，从而得到评价对象的综合得分。由于因子分析有理可依、科学合理，所有关于因子分析与计算的工具相对也比较多样，计算公式灵活、可操作性强。

缺陷：在实际问题的研究过程中，因子分析分析方法不是万能的。第一，一个复杂问题进行的分解也不是一件容易的事情，通常影响事物发展变化的因素形态各异，很难进行有效分解。第二，即使对研究对象的有效分解，但是仍然很难找到足够样本的数据进行拟合，因为因子分析对研究样本的数量通常要求比较多。第三，对所有的因子分析来说，其运用的基本原理都是均值回归，而对复杂的研究问题来说，这种均值回归所要求的假设分布状态能以得到满足，因此利用因子分析的方法展开计算往往会出现偏差。

（三）BP神经网络的优缺点

优点：首先，BP神经网络可在不知道输入变量与输出变量关系的前提下，完成模型的构建，从而为解决复杂问题提供了一种方法；其次，它拥有较完善的自主学习机制，通过不断的迭代学习自动储存正确的解答步骤；最后，在BP神经网络中，如果局部神经元遭到破坏对整体结果就不会有很大影响，也就是说在局部被破坏的情况下仍然能够正常工作。

缺陷：在实际问题的研究过程中，BP神经网络的应用存在着较大缺陷的。第一，因为BP神经网络对于研究样本的数量通常要求比较多，如果样本数量比较少的话就很难训练处较有的模型。第二，对所有的BP神经网络来说，其最大的困境就是模型的参数的确定问题，现有的相关方法难以确定模型的最优参数；第三，对BP神经网络来说，其泛化能力和拟合能力之间永远是一个博弈的过程，很难寻求达到最优状态。

（四）模糊综合评价的优缺点

优点：在实际问题的研究过程中，模糊综合评价的应用主要优势如下：第一，向一个复杂的研究对象，根据研究对象的某种特征，通过对研究对象的分解为从而形成一个科学、有序的系统，从而划分关键的组成要素。第二，通模糊数学理论，运用模糊数学的理论与方法，从而确定不同组成要素的权重。第三，通过不同要素的权重值与要素之间展开综合计算分数，从而展开评价得到研究问题的最终得分，实现对评价对象的客观有效评价，可以在参考其他要素的信息含量的基础上判断自身要素的权重值。

缺陷：在实际问题的研究过程中，模糊综合评价的应用主要缺陷如下。第一，模糊综合评价的应用流程较复杂，在相关指标的分类和确定过程中会存在较大的主观性。第二，模糊综合评价的的数据集要求不能过于复杂，在相关指标的的确定过程中，如果是较大评价数据集，数据指标的可能就会出现超模糊现象。因此，利用模糊综合评价的方法展开计算往往会出现偏差。

（五）熵值模型的优缺点

优势：在实际问题的研究过程中，熵值法的应用主要优势如下：第一，向一个复杂的研究对象，根据研究对象的某种特征，通过对研究对象的分解为从而形成一个科学、有序的系统，从而划分关键的组成要素。第二，通过信息熵理论，确定不同组成要素的熵值和权重。第三，通过不同要素的权重值与要素之间展开综合计算分数，从而展开评价得到研究问题的最终得分，实现对评价对象的客观有效评价，是一种较为常见的客观权重赋值方法。

缺陷：在实际问题的研究过程中，熵值法的主要缺陷如下。第一，熵值法的应用流程较复杂，在相关指标的分类和确定过程中会存在较大的主观性。第二，熵值法进行综合评价时的数据集要求不能过于复杂，在相关指标的的确定过程中，如果是较大评价数据集，数据指标的可能就会出现超模糊现象。因此，熵值法综合评价的方法展开计算往往会出现偏差。

（六）灰色综合评价模型优缺点

优点：灰色综合评价作为一种常用的评价方法，通过运用已经信息对一个复杂问题进行有效模拟，对面向对象的复杂问的未知情况题进行逐步模型，通过运用灰色理论中关于判断评价要素权重的相关理论从而判断不同基本要素的权重，从而对每一具体评价要素进行定量分析，从而得到评价对象的综合得分。通常，在复杂的社会经济活动中，经常面临着相互作用、相互制约的因素组成评价问题的复杂系统，灰色综合评价通过将评价对象的逐步分解，通过对每一要素的权重展开评价，从而对社会生产生活中复杂对象的相关问题展开综合评价，揭示评价对象的综合水平，因此灰色综合评价理论有很大的应用价值。

缺陷：在实际问题的研究过程中，灰色综合评价法的主要缺陷如下。因为灰色综合评价法对研究样本的数量通常要不能太多，如果样本数量比较多的话模型计算过程复杂，就很难精确求出模型的解。第二，对所有灰色综合评价法来说，其由于相对出现时间较短，因此面临着在很多情况下的理论支撑不充分，相关计算难以深究。第三，面向一个复杂的研究对象，根据研究对象的某种特征，从而分解为一个科学、有序的系统，划分为关键的组成要素，由于灰色理论要求指标之间关联度量不高，而这种关联运用现有的理论难以度量，导致展开评价时得到相关结果可能不合理。

（七）数据包络分析优缺点

优点：数据包络分析模型在实际应用的中最大优势就在于能够对评价对象展开效率评价，或者说是效用评价，根据各种不同组成要素相对价值的大小从而确定其具体评价指标"效用"，从而确定不同评价要素的权重，是一种经典的"相对效率"评价。在已知评价指标中，各评价指标的效用值将决定其权重值，评价指标体系中的地位决定评价结果的贡献。在数据包络进行评价时，能够根据实际经济意义用评价要素的效用实现各要素的效率评价。

缺点：在实际问题的研究过程中，缺陷如下。首先，其结果受到相对参考要素的影响较大。其次，由于数据包络分析在计算过程较为复杂，其对相关计算软件的操作性要求相关较高，存在计算效率低下的问题。

（八）支持向量回归

优点：首先，支持向量回归（SVR）可在不知道输入变量与输出变量关系的前提下，完成模型的构建，从而为解决复杂问题提供了一种方法。其次，其次支持向量回归（SVR）拥有较完善的自主学习机制，通过不断的迭代学习自动储存正确的解答步骤。最后，支持向量回归（SVR）如果局部神经元遭到破坏对整体结果不会有很大影响，也就是说在局部被破坏的情况下仍然能够正常工作。

缺点：在实际问题的研究过程中，支持向量回归（SVR）的应用也存在着较大缺陷的。第一，因为支持向量回归（SVR）对研究样本的数量通常要求比较多，如果样本数量比较少的话很难训练处较有的模型。第二，对所有的支持向量回归（SVR）来说，其最大的困境就是模型的参数的确定问题，现有的相关方法难以确定模型的最优参数。第三，对支持向量回归（SVR）来说，其泛化能力和拟合能力之间永远是一个博弈的过程，很难寻求达到最优状态。

第三节　基于集成学习的评价模型构建

集成学习是当前机器学习中一种比较常见的学习算法，通常由于所分析问题的复杂以及相关数据分布特征各异，一种学习算法很难完全描述某种经济现象或者问题，而集成学习的就是就是通过组合多个学习算法得到一个结果稳定并且效果较好的学习算法，从而能够有效提升整体分析结果的表现。因此，本书将集成学习的的相关思想和算法运用于资源型城市转型发展效果的综合评价，因此，为了使评价结果更加科学、可信，本书综合运用信息熵、支持向量回归、神经网络三种学习算法，构建基于集成学习的资源型城市转型效果评价综合模型，从而有效解决单一评价方法的缺陷，力求评价结果更加科学、合理。

一、单一模型选择

由于我国资源型城市分布的特征各不相同、分布位置错综复杂，尤其部分地区的产业转型效果难以评价，新的产业转型升级的内在机理难以挖掘，未来发展效果难以预测，目前理论界很难有完全科学、实用的方法与策略支持资源型城市的转型实践，对转型效果的科学评价、预测和指导难以落到实际操作层面。因此，对资源型城市的研究方法来看，应该将传统统计分析、管理评价与当前新的技术方法进行有效结果，应该综合运用多种模型评价结果进行集成分析，从而减少某一单一模型对资源型城市转型评价的弊端，因此，本书分别选择支持向量回归、神经网络、集成学习等机器学习的方法与理论，与传统的信息熵评价方法结合起来研究。力求通过系统科学分析，将国外的先进的转型经验与本书相关研究理论相结合，将现有转型效果与城市未来转型发展效果相结合，结合本书实证对象——安徽省淮南市的城市基本现状展开研究。

（一）信息熵（EI）

假设对某资源型城市近 m 年的发展状况进行分析，并且已知评价指标体系有 n 个具体指标构成，则构成某资源型城市发展状况的综合评价问题中包含 m 个样本 n 个评价指标体系。基本数学模型如下：$X = \{x_1, x_2, x_3, \cdots, x_i, \cdots, x_m\}$，其中，$(i = 1, 2, 3, \cdots, m)$。该资源型城市某一年 X_i 的发展状况由 n 个具体评价指标的数据表示为 $X_{ij} = \{x_{i1}, x_{i2}, x_{i3}, \cdots, x_{ij}, \cdots, x_{mn}\}$，其中，$(j = 1, 2, 3, \cdots, n)$，由此可以得到由该资源型城市评价指标体系构成的近 m 年的原始数据矩阵为 $X = [x_{ij}]_{m \times n}$，其中 x_{ij} 代表该资源型城市第 i 年第 j 项指标的具体数值。

1. 原始数据标准化处理

在实际问题中，各评价指标都具有各自不同的特性，导致不同评价指标的具体含义、数量等各方面均有所差异，对揭示问题本质的能力也是各不相同，尤其是不同指标正负取向以及对应的经济含义方面。例如，对资源型城市的产业结构优化方面，其主要反映的是资源型城市各产业结构占本城市或地区中的生产总值的比重，为了提高第二、第三产业对经整体经济总量的比重情况，尤其是第三产业占比情况，使之达到最佳状态，本书选择的第三产业增加值占生产增加值比重、第二产业占生产总值比重以及城市规模以上工业生产增加值三方面指标的数值明显存在较大差异，前两个指标数值为比例，后值为整体经济生产总值，若不做任何处理，其原始数据就无法直接进行比较。因此，在运用信息熵评价时，为了能够根据实际经济意义用指标值的大小来描述该资源型城市发展状况的优劣，消除各指标量纲方面的差异，就应在评价之前对原始数据做标准化处理，即采用一定的效用函数，对原始数据进行定性处理，使其正向化、一致化，从而转化为同级的、正向的、无量纲的标准数据。

如评价指标为正向指标，其数值越大越优，其计算公式为：

$$r_{ij} = \frac{x_{ij} - \min x_{ij}}{\max x_{ij} - \min x_{ij}} (0 \leqslant r_{ij} \leqslant 1) \tag{1}$$

若评价指标为负向指标，其数值越大越优，其计算公式为：

$$r_{ij} = \frac{\max x_{ij} - x_{ij}}{\max x_{ij} - \min x_{ij}} (0 \leqslant r_{ij} \leqslant 1) \tag{2}$$

若评价指标为适度型指标，即当数值取 q 时为最好，q 代表评价指标的最优值，此时去数值与 q 的距离越近越优，其计算公式为：

$$r_{ij} = 1 - \frac{|x_{ij} - q|}{\max |x_{ij} - q|} (0 \leqslant r_{ij} \leqslant 1) \tag{3}$$

其中，r_{ij} 代表各评价指标的标准值，x_{ij} 代表各评价指标的原始数值，$\max_{ij}$、$\min_{ij}$ 分别代表各评价指标中原始数据的最大值和最小值。

由此可得到原始数据矩阵经过标准化处理后的标准化矩阵，也可称之为评级矩阵，$R = [r_{ij}]_{m \times n}$，中 r_{ij} 代表该资源型城市第 i 年第 j 项评价指标上的标准值。

2. 计算第 j 项评价指标的信息熵值

$$e_i = -k \sum_{i=1}^{m} y_{ij} \ln y_{ij} (i = 1, 2, 3, \cdots, m) \tag{4}$$

70

其中，$y_{ij} = r_{ij} / \sum_{i=1}^{m} r_{ij} (i = 1,2,\cdots,m; j = 1,2,3,\cdots n)$ 代表第 i 年第 j 项评价指标占第 j 项评价指标的百分比。若 $y_{ij} = 0$，则 $\ln y_{ij}$ 没有意义，因此规定在这种情况下，令 $y_{ij} \ln y_{ij} = 0$。当系统处于等概率状态，即信息完全无序时，系统的信息熵值最大，$e_{ij} = 1$，表明该评价指标中所含有的信息量对最终的评价结果毫无影响，在评价指标体系中完全不起作用，因此第 j 项评价指标的数据对于综合评价的效用值为 0。由此可以得出，在已知第 j 项评价指标信息熵值的前提下，可用信息熵值 e_j 与 1 之间的差值，即公式 $g_j = 1 - e_j$ 求出第 j 项评价指标的的差异性系数，差异性系数 g_j 的取值取值越大，说明该项评价指标的信息效用值也就越大；该指标在评价指标体系中的地位越重要，其权重也就越大；反之亦然。

3. 确定第 j 项评价指标的权重

第 j 项评价指标的熵权的计算公式如下：

$$w_j = \frac{g_j}{\sum_{j=1}^{m} g_j} (j = 1,2,3,\cdots n) \tag{5}$$

并且满足 $\sum_{j=1}^{n} w_j = 1$。与此同时，由于熵具有的重要特性之一就是可加性，若评价指标体系是多层次，就可以根据下层结构的差异性系数来确定相应的上层结构的熵权的数值 W_j。

4. 计算最终综合得分

通过上述相关计算，最终得到研究对象的的总体得分为

$$Y_i = w_{ij} x_{ij} \qquad (i = 1,2,3,\cdots m; \quad j = 1,2,3,\cdots n) \tag{6}$$

（二）支持向量回归（SVR）

支持向量机（SVM）依据 Vapnik 统计学习原理与基本理论，以分析结构整体结构化风险最小化为基本的出发点，通过将低维空间中相关因素的线性

相关性通过核函数映射到高维空间，从而实现相关因素的非线性计算。支持向量机自构建以来，一直是机器学习或者管理评价中的主要方法之一，有效解决局部过小或者过学习、过拟合的问题。支持向量回归（SVR）是在支持向量机（SVM）的基础上发展而来的，支持向量机（SVM）是相通过分析和学习成一个超平面，从而实现研究对象的准确分类，而支持向量回归（SVR）则是通过学习，从而得到一个回归曲线，从而实现对研究对象的准确拟合，具体计算过程如下：

假设对某资源型城市近 m 年的发展状况进行综合评价，并且已知评价指标体系有 n 个具体指标构成，则构成一个包含 m 个样本 n 个评价指标的综合评价问题。构成的基本数学模型如下：$X = \{x_1, x_2, x_3, \cdots, x_i, \cdots, x_m\}$，其中，$(i = 1, 2, 3, \cdots, m)$。该资源型城市某一年 X_i 的发展状况由 n 个具体评价指标的数据表示为 $X_{ij} = \{x_{i1}, x_{i2}, x_{i3}, \cdots, x_{ij}, \cdots, x_{mn}\}$，其中 $(j = 1, 2, 3, \cdots, n)$，由此可以得到由该资源型城市评价指标体系构成的近 m 年的原始数据矩阵为 $X = [x_{ij}]_{m \times n}$，其中 x_{ij} 代表该资源型城市第 i 年第 j 项指标的具体数值。通过信息熵的初步计算我们得到 m 年的资源型城市转型效果的数据集 $D = \{(x_1, y_1); (x_2, y_2); (x_3, y_3); \cdots; (x_i, y_i); \cdots; (x_m, y_m)\}$，支持向量回归的目标就是构造一个回归函数

$$y_n = w^T \varphi(x) + b \tag{7}$$

非线性映射函数 $\varphi(x)$ 将数据从低维空间到高维空间，w 和 b 分别是要求解的参数权重和偏置向量，通过运用 ε 不敏感损失函数进行计算，其定义为如下：

$$|y_n - f(x)|_\varepsilon = \begin{cases} 0 & |y_n - f(x)| < \varepsilon \\ |y_n - f(x)| - \varepsilon & \text{其他} \end{cases} \tag{8}$$

$$R(w) = \frac{1}{2} w^T w + C \sum_{n=1}^{N} | y_n - f(x) |_\varepsilon \tag{9}$$

公式（8）是损失函数，当预测值与真实之间的偏差小于 ε 时，此时函数整体为损失记为 0，当预测值与真实值间的损失超过 ε 时，此时将函数整体损失记为整体偏差损失。C 称作正则化参数，也成为惩罚系数，其目的是构造一个泛化能力强、结果稳定的学习函数。为了求解上述公式，可以通过运用拉格朗日函数来求解上式，将上述求解转化为一个优化问题。

$$\min_{w,b,\zeta,\zeta^*} \frac{1}{2} \|w\|^2 + C \sum_{n=1}^{N} | \zeta_n + \zeta_n{}^* | \tag{10}$$

限制性条件如下：

$$\begin{cases} y_n - w^T \varphi(x) - b \leq \varepsilon + \zeta_n, & n = 1,2,\cdots,N \\ w^T \varphi(x) + b - y_n \leq \varepsilon + \zeta_n{}^*, & n = 1,2,\cdots,N \\ \zeta_n, \zeta_n{}^* \geq 0, & n = 1,2,\cdots,N \end{cases} \tag{11}$$

参数 $\zeta = [\zeta_1, \zeta_2, \cdots, \zeta_N]^T$，$\zeta^* = [\zeta_1^*, \zeta_2^*, \cdots, \zeta_N^*]^T$ 为松弛变量，其表示向上或者向下对于支持向量回归的误差的控制，这种转变可以通过拉格朗日转化函数进行求解，最终的回归函数表达式如下：

$$\hat{y} = \sum_{n=1}^{N} (\alpha_n - \alpha_n^*) \varphi^T(x_n) \varphi(x) + b = \sum_{n=1}^{N} \beta_n K(x, x_n) + b$$

$$= \sum_{n=1}^{N} \beta_n K(x, x_n) + b \tag{12}$$

其中，参数 K 称为核函数，被定义如下：

$$K(x, x_n) = \varphi^T(x_n) \varphi(x) \tag{13}$$

因此，SVR 模型最终表现参数取决于三个参数，正则化参数 C，损失函数参数 ε 以及核函数 RBF 的参数 σ。

（三）BP 神经网络

BP 神经网络作为一种产生相对较晚评价方法是产生于 20 世纪 80 年代中期，该方法是由人工智能专家模仿神经系统而构建的，本质是一个网络系统结构。BP 神经网络作为神经网络的一种主要方式，包含从正向传导信息方向和反向传误差的两步骤组成，实现整体结构化风险最小为目标，通过不断学习的过程从而实现有效评价。

BP 神经网络通过将评价对象的逐步分解为各个神经元，从而对社会生产生活中复杂对象的相关问题展开综合评价。通常，在复杂的社会经济活动中，经常面临着相互作用、相互制约的神经元而组成问题的复杂系统，BP 神经网络通过将评价对象的逐步拟合，通过对每一影响神经元的路径系数展开评价，从而对社会生产生活中复杂对象的相关问题展开综合评价，揭示评价对象的综合水平。

BP 神经网络的基本思想如下：面向一个复杂的研究对象，根据研究对象的某种特征，分解为一个科学、有序的系统，从而划分为关键的组成神经元；通过正向传导信息和反向传误差分析，运用核函数的相关理论与方法，从而确定不同组成神经元的作用系数；通过不同神经元的系数与神经元之间的关系展开综合计算分数，从而展开评价得到研究问题的最终得分。

二、集成学习模型构建

集成学习是当前机器学习中一种比较常见的学习算法，通常由于所分析问题的复杂以及相关数据分布特征各异，一种学习算法很难完全描述某种经济现象或者问题，而集成学习的就是就是通过组合多个学习算法得到一个结果稳定而且效果较好的学习算法，从而能够有效提升整体分析结果的表现。因此，本书将集成学习的的相关思想和算法运用于资源型城市转型发展效果的综合评价，综合运用信息熵、支持向量回归、神经网络三种学习算法，构建基于集成学习的资源型城市转型效果评价综合模型，从而有效解决单一评价方法的缺陷。

根据上面分析，本书中主要对上述三个单一模型的评价结果进行集成。本书采用简单平均方法对上述不同结果进行分块求和，最终计算公式如下：

$$y = \frac{1}{n}\sum_{i}^{n} y_i \qquad (i = 1,2,3,\cdots,N) \tag{14}$$

第四节 淮南市资源型转型效果评价

一、城市基本特征

(一) 经济发展速度放缓

通常，一个地区的 GDP 是衡量一个地区经济发展水平的主要因素，由 GDP 构造的新的指标比如 GDP 增长率则有效反映了某一地区经济发展速度。由于 GDP 是我国各地区衡量经济发展水平的主要因素，反映某一地区经济发展总量水平，因此通过不同地区 GDP 以及 GDP 增长率的相互比较从而发现本地区经济发展现状。本书收集淮南市 1998 - 2015 年 GDP 总量，具体情况如下图 3 - 1 所示：

通过对淮南市近年来 GDP 分析，淮南市近年来 GDP 整体呈现上涨趋势，但是近年来经济增长速度明显放缓，经济增长率持续降低，尤其是在 2014 年期间经济的增长速度出现负增长。根据相关政府资料显示，2104 年淮南市成为安徽省经济增长率为负值的唯一的地级市，2015 成为那经济增长率最低的城市。因此，可以得基本结论一：近年来淮南市经济发展速度明显放缓，经济发展动力不足。

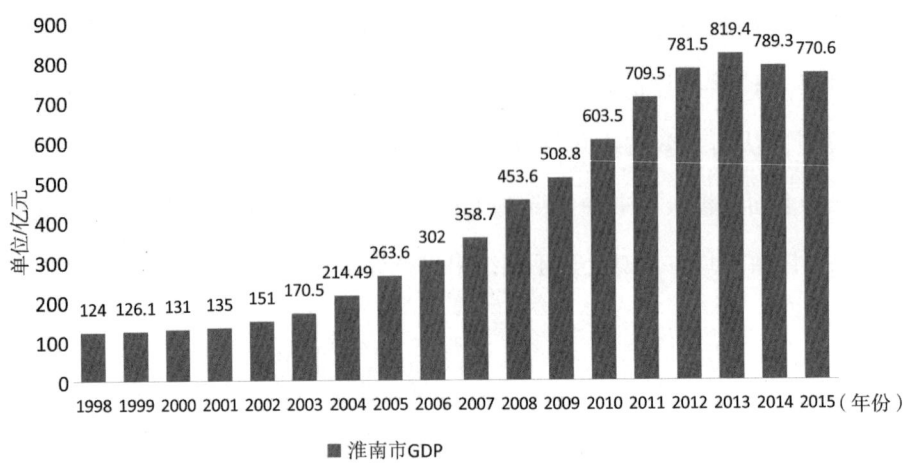

图 3-1 1998-2015 年淮南市 GDP 产值

（二）产业结构空间巨大

产业结构主要包含第一二三产业，一般来说第三产业所占比重越高则认为资源型城市的产业结构越合理。通常，第一产业主要有农业组成为主，第二产业主要是由工业组成为主，第三产业主要有现代服务业组成。通过不同产业的生产总值以及构造新的指标较好地反映了一个地区的经济结构和产业结构。本书收集淮南市 1998-2015 年三种产业的不同水平值，具体情况如下图 3-2 所示：

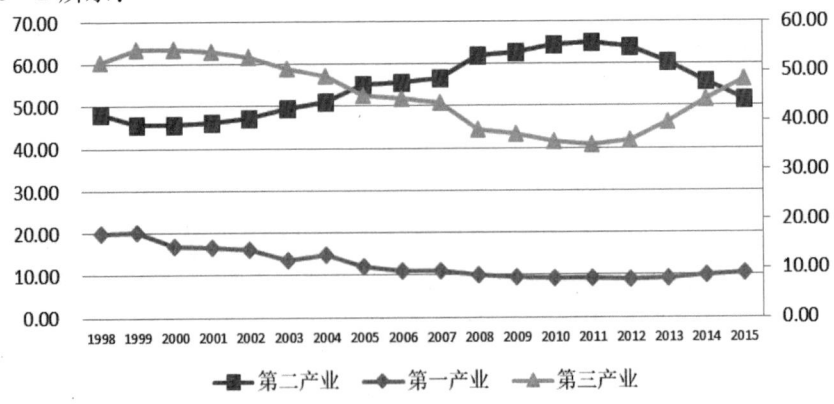

图 3-2 1998-2015 年淮南市各产业比率

通过对淮南市近年来产业体系分析，淮南市近年来经济产业结构优化水平在明显好展，第二产业依旧占据着淮南市经济发展的主要地位，处在50%以上的水平。但是自2011年以来，淮南市地三产业比重明显在增加，虽然所占比重较第二产业小，但是其增长势头较好。因此，可以得基本结论二：近年来淮南市产业体系逐步优化，产业结构空间巨大。

（三）原煤产量总体稳定但稍有下滑

淮南市一直以来高度依赖煤炭经济以及与其相关的产业经济。据淮南市统计年鉴显示，淮南市70%的GDP产值都依赖煤炭及其相关产业，因此煤炭能源产量及其相关产业发展是否稳定，对淮南市整体经济发展水平有着重要影响。因此，通过淮南市原煤产量以及构造新的指标较好地反映了淮南市的经济发展的稳定水平。本文收集淮南市1998 – 2015年淮南市原煤产量以及增长率，具体情况如图3 – 3所示：

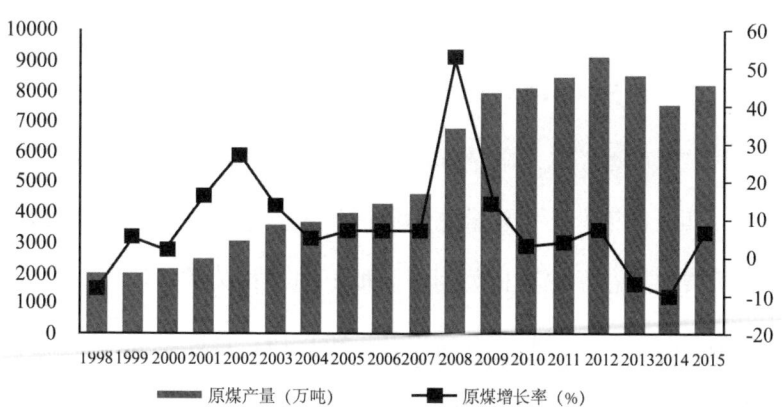

图3 – 3　1998 – 2015年淮南市原煤产量及其增长率

通过对淮南市近年来原煤产量分析，淮南市近年来煤炭产量自2008年以来总体基本保持稳定，近三年原煤产量稍有下滑。伴随着近年来煤炭行情不景气，煤炭开采的人力、运营、管理成本的持续增加，加上国家相关政策调控，淮南市煤炭开采总量出现少量下滑。因此，基本结论三：近年来原煤产量基本稳定，但稍有下滑。

（四）发电量基本稳定

淮南市一直以来高度依赖煤炭经济以及与其相关的产业经济，其相关产业最密集的就是淮南市火力发电量。据淮南市统计年鉴显示，淮南市目前有六个主要电厂，因此火力发电量及其相关产业发展是否稳定，对于淮南市整体经济发展水平有着重要影响。本文收集淮南市 1998 – 2015 年淮南市原煤产量以及增长率，如图 3 – 4 所示：

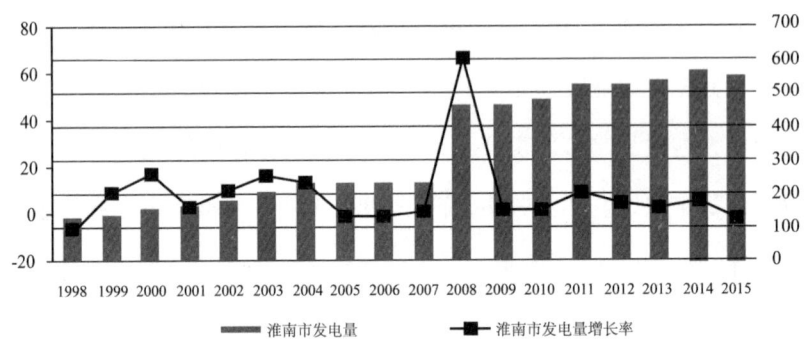

图 3 – 4 1998 – 2015 年淮南市发电总量以及增长率

通过对淮南市近年来发电量分析，淮南市近年来发电量除 2008 年有明显涨幅以为，其他各年份发电总量总体保持稳定。伴随着近年来煤炭行情不景气，环境污染和生态保护等相关因素，加上国家相关政策调控，淮南市发电量出现小幅度的波动。因此，可以得基本结论四：近年来淮南市原发电总量基本稳定，无明显下滑。

二、城市转型基本现状

（一）经济增长波动性较大

通过上面对淮南市近年来 GDP 分析发现，近年来经济增长速度明显放缓，经济增长率持续降低，尤其是在 2014 年期间经济的增长速度出现负增长。根据相关政府资料显示，2104 年淮南市成为安徽省经济增长率为负值的唯一的地级市，2015 成为那经济增长率最低的城市。淮南市经济发展高度依赖煤炭经济的发展，每年约有 70% 以上的经济增长由原煤或者原煤的延伸产业所形成的。本书通过将淮南市 GDP 与安徽省 GDP 展开对比分析，具体对比如图 3 - 5 所示：

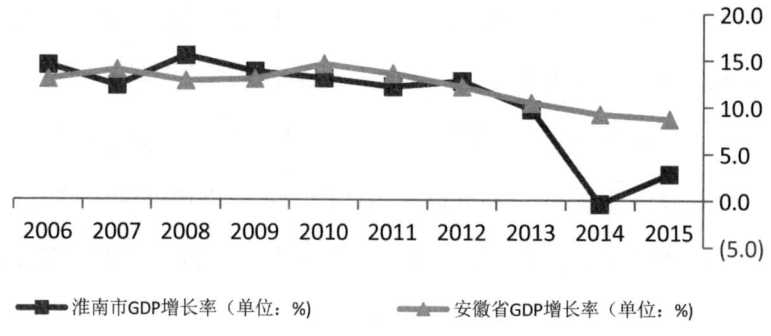

图 3 - 5　2006 - 2015 年淮南市 GDP 产值及淮南市和安徽省 GDP 增长率

图 3 - 5 显示，淮南市自 2012 年以来 GDP 增长率均低于安徽省经济增长率，并且在 2014 年经济增长率差值达到最大值，因此淮南市当前经济整体发展水平较落后于安徽省平均水平，尤其是 GDP 增长率低于安徽省平均水平。因为，近年来，淮南市一方面面临着煤炭行业经济不景气，因煤而生的淮南市经济整体水平受到煤炭经济的影响，整体经济发展水平由于煤炭经济的影响而出现了较大的波动，整体经济并不乐观；另一方面，由于淮南市整体经济正在逐步转型，整体转型效应还未形成，转型经济通常需要一个过渡期，从而导致淮南市经济增长率低于安徽省和全国的经济增长水平。因此，淮南市当前经济发展水平较不稳定，经济发展前景并不乐观。

（二）产业结构层次不合理

通过上面对淮南市近年来产业结构分析发现，尽管淮南市近年来经济产业结构优化水平在明显好转，但是第二产业依旧占据着淮南市经济发展的主要地位，处在50%以上的水平，但是自2011年以来，淮南市地三产业比重明显在增加，虽然所占比重较第二产业小，但是其增长势头较好。根据淮南市统计年鉴分析，淮南市产业结构中，第二产业一直出由于主导地位，第一产业与第三产业之都比不上第二产业的整体比重。对经济比较合理、地区产业比较完善的城市而言，经济发展水平与产业水平应该满足现代化城市建设需求，通常要求第三产业在整体经济体系中占据优势地位，第二产业和第一产业相对来说处于比较边缘地位。因此，对淮南整体产业结构而言，内部产业比例不协调，高新技术产业发展水平不高，整体经济发展速度较慢。因此，淮南市当前经济发展体系主要以资源型产业为主，以原煤开采以及初加工、发电等相关产业为主，高新技术产业、现代服务业、新型产业、现代信息产业等第三产业发展比较滞后，整体产业体系不完善，整体产业门类不丰富，产业结构层次不合理。

（三）高素质人力资本相对匮乏

首先，由于淮南市产业结构单一，主要依靠煤炭资源开采与初加工为主，而煤炭等产业资本密集，产业固定资本专业性强，产业固定资产变现能力不足，产业退出与转型壁垒较高，产业调整弹性能力差，从而导致淮南市相关产业从业人员在学习动力不足。其次，由于淮南市经济产业大多以能源采掘与初加工为主，大多数从业人员人员文化基础薄弱，学习与自学习能力较差，转变工作角色和掌握新的就业技能比较困难，使得其整体人力资源水平比较低。然而，科学技术作为第一生产力已经成为社会的共识，科学技术的进步与发展是经济增长与经济发展方式的先导，而科学技术创新的本质是人力资本水平所决定的，科学创新与人力资本的提升也是经济发展的与经济转型的主要动力源泉，因此科学技术与人力资本的投入将有效促进经济朝着专业化、科技化和自动化方式转变，从而有效提升生产要素的产出水平与产出能力。

因此，对淮南市整体人力资本而言，由于产业经济大多以煤炭采掘与初加工为主，大多数从业人员人员文化基础薄弱，学习与自学习能力较差，加上当前相应的人才培养、人才引进、人才激励措施不合理，致使淮南市高素质人力资本相对匮乏，难以支撑相关高新技术发展。

（四）生态环境破坏严重

生态环境保护与环境污染治理对地区经济社会发展密切相关。近年来，各级政府、组织对生态环境治理方面做出了重要努力，坚持"青山绿水"的产业经济发展思路。对历史悠久的资源型城市淮南市而言，当前面临的生态环境不容乐观。由于长时期的资源开采和煤炭相关产品的初加工与处理，导致淮南市当前生态环境形势较为恶劣，出现严重的水土流失、地表水严重破坏、地表下沉等系列问题。另外，由于长时间的火力发电，加上化工在淮南市占有一定比例，导致淮南市大气、水、土壤等生态环境遭到破坏，环境质量进一步恶化。当前，淮南市在资源环境保护方面虽然采取了一些措施，但是由于长期的资源"掠夺式"开采，导致淮南市当前最严重的生态问题之一就是淮南市塌陷区面积持续增加。本书认真梳理淮南市煤炭塌陷区相关资料，总结如表3-1所示：

表3-1 2010-2015年淮南市塌陷区面积及占全市面积比

项目	塌陷面积（平方公里）	占全市面积比（%）
2010	110	6.5%
2011	191	7.3%
2012	205	7.9%
2013	220	8.5%
2014	231	8.9%
2015	245	9.4%

从上表3-1可以看出，淮南市塌陷区面积持续增长，与淮南市城市总体面积相对比例逐年增加（寿县地区暂未找到相关数据），因此，淮南市在严

重的水土流失、地表水严重破坏、地表下沉等系列环境问题基础上，经济经济发展也增加了城市发展的成本。

（五）社会问题矛盾凸显

由于淮南市近年来关闭相关污染环境严重的企业以及产能相对较小的煤矿，加上第三产业发展并不充分，新的就业机会与就业岗位相对较少，导致淮南市就业结构与就业市场并不活跃，大量人员由于企业倒闭而失去工作岗位。根据淮南市官方统计数据显示，近年来，淮南市城镇登记失业人口比率一直高于4%，高于安徽省平均水平。一方面淮南市经济产业之前大多以能源采掘与初加工为主，大多数从业人员人员文化基础薄弱，学习与自学习能力较差，转变工作角色和掌握新的就业技能比较困难，使得其重新获得新的就业机会相对比较困难。另一方面，社会医疗保障水平与社会保障措施不完善，相关配套措施不合理。国内外经济社会的发展结果反复说明社会保障水平对城市经济发展有着显著作用，社会保障水平与措施对城市的发展而言起到了"安全阀"的作用，不仅影响城市经济的稳定发展，而且对整个社会的稳定发展都具有显著作用。因此，一方面淮南市社会基本保障建设比较落后；另一方面，包括居民失业问题在内的社会基本问题凸出，因此，当前淮南市社会问题矛盾凸出。

三、转型评价数据选取

本书以安徽省淮南市为例进行研究，根据上述关于评价指标设置的六个基本理论选择评价指标和构建最终的评价体系，结合淮南市城市转型基本现状，产业结构、经济发展、资源利用、居民收入、社会保障、生态环境保护六个方面选取城市转型发展的评价数据，数据的主要来源包含以下几类：

1. 《安徽省统计年鉴》 （2006 - 2015 年各年份），数据来源链接

http：//www. ahtjj. gov. cn/tjjweb/web/index. jsp.

2.《淮南市统计年鉴》(2006 - 2015 年各年份)，数据来源链接 http：//
tjj. huainan. gov. cn/15642315. html;

3.《国民经济和社会发展统计公报》(2006 - 2015 年各年份)，数据来源
链接 http：//www. tjcn. org/tjgb/;

4. 专业数据库，主要是从国泰安数据库和万德数据库中查找。

在收集数据与整理过程中，四种数据来源相互支撑，以确保数据的科学
性和真实性。

四、转型评价数据处理

(一) 资源型城市产业结构水平

根据上面分析，资源型城市产业结构水平主要包括城市规模以上工业生
产增加值，第三产业增加值占 GDP 比重以及第二产业生产总值占地区生产总
值比重，本书对上述三个指标的具体计算公式如下：

①城市规模以上工业生产增加值 (X_1)，该指标可直接从地区统计年鉴
查询;

②第三产业增加值占 GDP 比重 (X_2)，该指标可以通过以下公式计算：

第三产业增加比 = 第三产业增加值/地区年生产总值 × 100%;

③第二产业生产总值占地区生产总值比重 (X_3)，该指标可以通过以下
公式计算：

第二产业增长比 = 第二产业增加值/地区年生产总值 × 100%。

(二) 资源型城市经济发展水平

根据上面分析，资源型城市经济发展水平主要包括人均 GDP、经济增长
率、居民恩格尔系数、实际利用外资金额、社会固定资产投资总额和财政收

入占生产总值比重，本书对上述六个指标的具体计算公式如下：

①人均 GDP（X_4），该指标计算公式为：

人均 GDP = 城市生产总值/城市人口总数；

②经济增长率（X_5），该指标计算公式为：

$$经济增长率 = \frac{（第二年地区生产总值 - 第一年地区生产总值）}{第二年地区生产总值} \times 100\%$$

③居民恩格尔系数（X_6），该指标计算公式为：

居民恩格尔系数 = 居民食品消费金额/居民人均消费总支出 $\times 100\%$；

④实际利用外资金额（X_7），该指标可以从地区统计年鉴查询；

⑤社会固定资产投资总额（X_8），该指标从地区统计年鉴查询；。

⑥财政收入占生产总值比（X_9），该指标计算公式如下：

财政收入占生产总值比重 = 年财政收入/年地区生产总值 $\times 100\%$。

（三）资源利用与保护水平

资源型城市资源利用与保护水平主要包括城市淡水储藏总量、城市森林储积总量、城市主要工业能源量以及城市年发电总量，本书对上述四个指标的具体计算公式如下：

①城市淡水储藏总量（X_{10}），该指标可以从专业数据库中查询；

②城市森林蓄积总量（X_{11}），该指标可以从专业数据库中查询；

③城市主要工业能源量（X_{13}），该指标可以从专业数据库中查询；

④城市年发电总量（X_{13}），该指标从地区统计年鉴查询。

（四）居民收入优化指标

根据上面分析，资源型城市居民收入水平主要包括平均工资、人均可支配收入、人均消费性支出和居民人均住房面积，本书对上述四个指标的具体计算公式如下：

①平均工资（X_{14}），该指标从地区统计年鉴查询；

②人均可支配收入（X_{15}），该指标从地区统计年鉴查询；

③人均消费性支出（X_{16}），该指标从地区统计年鉴查询；

④居民人均住房面积（X_{17}），该指标计算公式如下：

居民人均住房面积＝居民房屋总面积/居民总数×100%。

（五）社会保障优化指标

根据上面分析，资源型城市社会保障水平主要包括城镇登记失业率、参加城镇基本养老保险、参加城镇基本医疗保险，本书对上述三个指标的具体计算公式如下：

①城镇登记失业率（X_{18}），该指标可以从地区统计年鉴查询；

②参加城镇基本养老保险（X_{19}），该指标可以从地区统计年鉴查询；

③参加城镇基本医疗保险（X_{20}），该指标可以从地区统计年鉴查询。

（六）生态环境优化指标

根据上面分析，资源型城市生态环境主要包括建成区绿化覆盖率、城市生活污水处理率、工业固体排放处理率，本书对上述三个指标的具体计算公式如下：

①建成区绿化覆盖率（X_{21}），该指标计算公式如下：

建成区绿色化覆盖率＝城市绿地总面积/城市用地总面积×100%；

②城市生活污水处理率（X_{22}），该指标计算公式如下：

城市污水处理率＝城市生活污水处理量/城市生活污水排放量×100%；

③工业固体排放处理率（X_{23}），该指标计算公式如下：

工业固体排放率＝工业固体处置量/工业固体处置生产总量×100%。

因此，基于资源型城市转型效果评价的目的性，根据上面分析选取评价指标的代表性、明确性、可行性、可计量性和系统性原则，按照述计算方法和相关理论，资源型城市转型发展最终的评价指标体系如表 3 – 2 所示：

表 3 – 2　评价指标及其数据来源

测量指标	变量符号	数据来源
城市规模以上工业生产增加值	X_1	统计年鉴
第三产业增加值占 GDP 比重	X_2	计算公式
第二产业生产总值占地区生产总值比重	X_3	计算公式
人均 GDP	X_4	计算公式
经济增长率	X_5	计算公式
居民恩格尔系数	X_6	计算公式
实际利用外资金额	X_7	统计年鉴
社会固定资产投资总额	X_8	统计年鉴
财政收入占生产总值比	X_9	计算公式
城市淡水储藏总量	X_{10}	专业数据库
城市森林蓄积总量	X_{11}	专业数据库
城市主要工业能源量	X_{12}	专业数据库
城市年发电总量	X_{13}	统计年鉴
平均工资	X_{14}	统计年鉴
人均可支配收入	X_{15}	统计年鉴
人均消费性支出	X_{16}	统计年鉴
居民人均住房面积	X_{17}	计算公式
城镇登记失业率	X_{18}	统计年鉴
参加城镇基本养老保险	X_{19}	统计年鉴
参加城镇基本医疗保险	X_{20}	统计年鉴
建成区绿化覆盖率	X_{21}	计算公式
城市生活污水处理率	X_{22}	计算公式
工业固体排放处理率	X_{23}	计算公式

　　因此，根据收集的相关数据，按照述计算方法，标准化处理后的数据如表 3 – 3 所示：

表 3 – 3 评价指标标准化数据

年份	2006	2007	2008	2009	2010	2011	2012	2013	2014	2015
X_1	– 1.5899	– 1.4315	– 0.7186	– 0.4082	0.4688	0.9772	1.0168	1.0904	0.5852	0.0097
X_2	– 1.3322	– 1.0309	– 0.7922	– 0.6341	– 0.3343	0.0312	0.4473	0.8143	1.1409	1.6898
X_3	– 0.9001	– 0.7091	0.4713	0.6427	0.9899	1.1201	0.9226	0.1198	– 0.8697	– 1.7876
X_4	– 1.6280	– 1.3243	– 0.8040	– 0.5077	0.0746	0.5255	0.9132	1.0899	0.8971	0.7637
X_5	0.7475	0.3101	0.9463	0.6083	0.4692	0.2902	0.4095	– 0.1869	– 2.0356	– 1.5585
X_6	0.7492	– 1.1041	0.8675	1.0647	0.0000	0.1972	0.0789	1.0253	– 1.2224	– 1.6562
X_7	0.0554	0.5135	– 1.5906	– 1.2432	– 0.9277	– 0.3374	0.8698	1.4958	0.5062	0.6583
X_8	– 1.1288	– 1.1051	– 1.0169	– 0.7752	– 0.3110	0.0879	0.6428	1.2874	1.1062	1.2128
X_9	– 0.8893	– 0.9911	– 1.2287	– 0.7196	0.2648	0.9436	1.5207	1.3509	– 0.3123	0.0611
X_{10}	0.0763	– 1.3086	– 1.0517	– 0.9314	1.5803	1.2517	0.1717	0.3497	– 0.8049	0.6669
X_{11}	– 1.4016	– 1.3844	– 1.2604	0.1829	0.1967	0.3086	0.4273	0.5422	1.0647	1.3239
X_{12}	– 1.8638	– 1.6542	– 0.3410	0.3613	0.4503	0.6626	1.0818	0.6804	0.1186	0.5041
X_{13}	– 2.0005	– 1.5802	0.0327	0.0067	0.0977	0.5223	0.5657	0.6523	0.9557	0.7477
X_{14}	– 1.5729	– 1.2511	– 0.7480	– 0.5487	– 0.1442	0.3089	0.7774	1.0758	1.1267	0.9761
X_{15}	– 1.2171	– 0.9984	– 0.8355	– 0.6657	– 0.4489	0.0139	0.4234	0.7795	1.3246	1.6241
X_{16}	– 1.3183	– 0.8603	– 0.9046	– 0.8233	– 0.4806	0.1869	0.6029	1.3118	0.9634	1.3220
X_{17}	– 1.0891	– 0.9000	– 0.9000	– 0.5597	– 0.5597	– 0.0303	0.3479	0.4614	1.7093	1.5202
X_{18}	0.8147	– 0.3491	1.2220	1.5711	0.8147	– 0.3491	– 0.9310	– 0.9310	– 0.9310	– 0.9310
X_{19}	– 1.3174	– 0.8656	– 0.7215	– 0.5388	– 0.2889	– 0.0679	0.2013	0.2878	1.5806	1.7305
X_{20}	– 0.9588	– 0.8315	– 0.8038	– 0.7817	– 0.6460	– 0.6032	1.1057	1.1832	1.1539	1.1821
X_{21}	0.1876	0.5903	1.3956	0.6708	0.9124	0.1876	– 0.2150	– 0.6982	– 1.8498	– 1.1814
X_{22}	– 1.8605	0.0307	– 0.7059	– 0.4722	– 0.3263	– 0.2115	0.1412	0.4352	1.3306	1.6387
X_{23}	– 1.4395	– 1.4395	0.4118	0.2229	0.6385	1.2052	1.4697	– 0.6083	– 0.4949	0.0340

五、转型评价结果

集成学习是当前机器学习中一种比较常见的学习算法，通常由于所分析问题的复杂以及相关数据分布特征各异，一种学习算法很难完全描述某种经济现象或者问题，而集成学习的就是就是通过组合多个学习算法得到一个结果稳定并且效果较好的学习算法，从而能够有效提升整体分析结果的表现。

因此，本书将集成学习的的相关思想和算法运用于资源型城市转型发展效果的综合评价，综合运用信息熵、支持向量回归、神经网络三种学习算法，构建基于集成学习的资源型城市转型效果评价综合模型，从而有效解决单一评价方法的缺陷。

根据上面分析，本书中主要对上述三个单一模型的评价结果进行集成。本书采用简单平均方法对上述不同结果进行分块求和，最终计算公式如下：

$$y = \frac{1}{n} \sum_{i}^{n} y_i \qquad (i = 1,2,3,\cdots,N) \tag{15}$$

本书根据首先通过分别求解上述三个单一模型关于淮南市城市转型效果的单一评价结果，然后利用集成学习的思想，对资源型城市产业发展效果展开竭诚评价，所有计算均通过 R 分析软件实现，最终计算结果如表 3 - 4 所示。

表 3 - 4　淮南市城市转型效果最终得分

模型	2006	2007	2008	2009	2010	2011	2012	2013	2014	2015
EI	0.7073	0.7656	0.7647	0.7731	0.7676	0.7886	0.8392	0.8153	0.7251	0.7328
SVR	0.6978	0.7926	0.7632	0.7809	0.7642	0.7903	0.8243	0.8093	0.7387	0.7214
BP-NN	0.6957	0.7743	0.7608	0.7961	0.7553	0.7891	0.8318	0.8106	0.7374	0.7326
EM	0.7003	0.7775	0.7629	0.7837	0.7624	0.7893	0.8317	0.8117	0.7337	0.7290

第五节　研究结论

从上述淮南市城市转型总体效果分析，可以得出以下基本结论：一是在淮南市整体转型发展过程中，淮南市整体转型效果较好，但近年来转型增速不足。由于淮南经济结构单一，经济体系不完整，难以形成良好的产业集聚效应，导致资源型城市往往资本外流。加上近年来由于淮南市发展潜力不足，生态环境较差等因素，因此难以相关产业人才难以引进，人才外流比较常见。

在城市基础设施建设方面，建设和布局中往往存在错乱，实际建成的社区往往比较小，城市土地利用效率比较低，城乡规划不完善，城乡交错凸显，增加了城市基础设施成本与难度。二是在淮南市整体转型发展过程中，城市转型总体效果均处于 0.7 以上，2012 年转型效果达到最优值，2006 年转型效果得分最低，2014 年、2015 年均低于历史平均水平。通过上面对淮南市近年来 GDP 分析发现，近年来经济增长速度明显放缓，经济增长率持续降低，尤其是 2014 年期间经济的增长速度出现负增长。淮南市经济发展高度依赖煤炭经济的发展，每年约有 70% 以上的经济增长由原煤或者原煤的延伸产业所形成的，因此，淮南市 2014 年、2015 年转型效果得分均低于历史平均水平。

第四章　资源型城市转型机理与路径分析

第一节　基于 SEM 的转型路径模型构建

一、SEM 简介

由于在城市的经发展与生产管理过程中，资源城市转型发展效果常常受到不同要素之间的相互作用，如何对这些相互制约的资源型城市转型发展影响因素展开分析、评价，确定不同要素之间的作用关系与作用机理，运用传统的普通线性回归经常受到影响因素间的相关性制约，难以形成正确的评价路径与理论。结构方程模型（Structural Equation Model，SEM）自 20 世纪 90 年代以来是一种在社会科学研究中非常常见的建模分析方法，由于其可以通过对不同观察变量之间的相关作用关系进行测量，从而确定不同要素之间的对于外在潜变量的作用影响极其强弱，从而使得结构方程模型成为研究经济社会问题中，对这种具有不同潜在变量之间作用关系分析的有效工具。随着研究对不同作用要素机理之间的挖掘更加深入，结构方程模型（SEM）作用统计计量方法的主要方法之一，近年来在社会管理研究、经济研究、心理研究等社会科学与自然科学研究中有着广泛的应用。由于结构方程可以根据先验知识，通过同时处理多个测量因子和潜在变量，检测不同作用路径与作用机理之间的关系，可以同时考虑整体模型的结构性风险和整体模型间的拟合效果与优化效果，因此可以深入发现不同潜在变量之间的作用关系。

另外，对资源型城市转型发展而言，不同的城市发展要素对资源型城市的发展所起到的作用往往不相同，而对一些很难直接进行测量的因素来说，研究者常常通过构造多个测量指标来间接测量不同因素之间的相互关系。因此，结构方程模型作为一种主要的分析方法，凭借其对复杂作用机理挖掘的独特优势常常被研究所应用。

二、EM－SEM 模型构建

结构方程模型主要有两部分构成，一个为结构模型部分，一个为测量模型部分。通过结构模型对不同研究假设构造不同潜在变量之间的结构关系，通过测量模型对构造的不同的潜在变量之间的结构关系展开验证和分析，测量不同潜在变量以及潜在变量所对应的测量变量之间关系大小以及关系强弱。因此，结构方程模型通过寻找不同内在潜变量以及对应的测量变量之间的关系，通过对模型的关系假设、路径假设进行检验，并且根据不同测量指标的作用关系对不同作用要素之间关系强弱以及路径是否成立进行验证性分析，以及通过路径优化指数调整优化不同变量之间的作用关系。其主要包含的计算公式以及变量名称如下：

1. 结构方程

结构方程模型的结构模型主要由内在潜变量与外在潜变量测量模型两部分组成，对外在潜变量受内在潜变量的作用关系可以如下表示：

$$\eta = B\eta + \Gamma\xi + \zeta \tag{16}$$

在上述结构方程模型，外因潜在变量（ξ）对内因潜在变量（η）之间是一种因果关系，这种关系表现为通过先验知识的总结和假定，假设不同影响因素之间的作用关系，通过相关变量之间作用关系的假设，测量不同结构模型之间的关系是否成立。其中 η 表示为潜在内生变量（潜因变量），是事物发展的"自变量";ξ 为潜在外生变量（潜自变量），是事物发展的响应变量；B 为潜在内变量之间因果关系的回归矩阵，Γ 为潜在外变量对潜在内变量的解释系数矩阵，ζ 为不同潜在内变量对应的不同的残差。

2. 测量方程

结构方程模型的测量模型主要由关于内在潜变量的测量模型和关于外在潜变量的测量模型两部分组成，具体如下

$$x = \wedge_x \zeta + \delta \tag{17}$$

$$y = \wedge_y \eta + \varepsilon \tag{18}$$

在上述测量方程模型，其中 η 表示为潜在内生变量（潜因变量），是事物发展的"自变量"；ξ 为潜在外生变量（潜自变量），是事物发展的响应变量；B 为潜在内变量之间因果关系的回归矩阵，Γ 为潜在外变量对潜在内变量的解释系数矩阵，ε 是外在潜变量指标 y 的测量误差项，在本书中 y 的取值则为上述集成学习评价所获得的相关结果，ζ 是内生潜变量指标的 x 是测量误差项。因此，在本书的结构模型中，外在变量的取值就来自上述通过集成学习计算的资源型城市转型发展计算结果，从而构建资源型城市转型机理模型（EM - SEM），识别不同影响因素对资源型城市转型发展的影响。

三、SEM 模型的优、缺点

根据上述关于结构方程模型（SEM）的简单介绍，本书认为 SEM 对分析资源型城市转型发展的优点主要包含以下几个方面：

（1）多因素变量同时处理。由于本书关于资源型城市转型发展效果综合评价分析主要包含六种不同要素之间的相互作用关系，这些因素分别对应着不同测量指标的相互影响与相互作用，每一个因素既是构成资源型城市转型发展的结构模型的重要部分，同时又是构成不同测量指标之间的回归分析的重要部分。因此，为了同时处理多变量之间的相关关系，保证各变量之间影

响因素的相互联系与相互制约，而不仅仅考虑单一因素的变化与影响。因此，本书考虑基于结构方程模型的资源型城市转型发展机理研究。

（2）结构关系与测量关系并存。由于本书关于资源型城市转型发展效果综合评价分析主要包含六种不同要素之间的相互作用关系，这些因素分别对应着不同测量指标的相互影响与相互作用，每一个因素既是构成资源型城市转系发展的结构模型的重要部分，同时又是构成不同测量指标之间的回归分析的重要部分。因此，为了同时处理多变量之间的相关关系，同时考虑不同测量指标之间的相互作用，保证各变量之间影响因素的相互联系、相互制约及相互作用，而不仅仅考虑单一因素或测量指标的变化与影响。因此，本书考虑基于结构方程模型的资源型城市转型发展机理研究。

因此，为了同时处理测量变量和潜在变量之间的作用关系，以及同时考虑多个潜在变量之间的相互联系，本书采用结构方程模型方法对资源型城市转型发展机理进行深入研究。

第二节　淮南市城市转型机理与路径研究

一、研究假设

基于资源型城市转型效果评价的目的性，本书在根据文献综述部分对国内外关于资源型城市转型效果研究指标分析的综合梳理，基于以下六点基本理论验证影响资源型城市转型效果假设。

（一）产业结构优化理论

资源型城市转型发展的的基本方式之一就是优化产业结构，因此产业结构的发展水平影响资源型城市当前发展目标与未来长久发展的统一与协调，既能保证资源型市当前经济的发展水平，又有利于未来几年或几十年经济的持续增长。因此，产业结构优化理论主要是对城市产业可持续发展提供依据，通常依据长夜结构高度化理论，通常认为资源型城市产业发展中，第二、第三产业所占经济总量的比重越高，城市的产业发展水平越好，即城市转型效果就越好。资源型城市的产业结构优化主要反映的是资源型城市各产业结构占本城市或地区中的生产总值的比重，结构优化值通常视为了提高第二、第三产业对经整体经济总量的比重情况，尤其是第三产业占比情况，使之达到最佳状态。因此，本书在现有相关数据可获得性的前提下，主要从第三产业增加值占生产增加值比重、第二产业总值占生产总值比重以及城市规模以上工业生产增加值三方面评价资源型城市产业优化水平。基于此，本书假设：

假设 1：产业结构（ε_1）对资源型城市转型效果（η_1）有显著影响。

（二）经济发展水平理论

资源型城市转型发展的的基本目标之一就是要提高经济发展水平，因此资源型城市的经济发展水平及发展状态，必须满足资源型城市的城市整体经济的有效合理增长，能够有效实现资源型城市当前发展目标与未来长久发展的协调，既能保证资源型市当前经济的发展水平，又有利于未来几年或几十年经济的持续增长。因此，资源型城市经济发展水平既要既要培育好新的经济增长点，又要能有效促进经济增长和提高居民基本生活为前提。因此，本书主要从人均 *GDP*、经济增长率、城镇居民恩格尔系数、实际利用外资金额、社会固定资产投资总额、财政收入占地区生产总值比重六个方面评价资源型城市经济发展水平。基于此，本书假设：

假设 2：经济发展水平（ε_2）对资源型城市转型效果（η_1）有显著影响。

（三）资源利用与保护理论

实现资源的有效保护和资源的合理利用资源型城市转型发展的的基本目标之一，因此资源型城市的资源利用与保护水平是影响资源型城市转型效果的主要衡量指标之一。资源型城市所选择的产业发展方式必须在充分利用本地区的资源的基础上合理的保护资源，从而满足资源型城市的经济的有效合理增长，使资源型城市得自然资源既满足当前发展目标，又能够为未来长久发展提供有力的动力与基础，有利于未来几年或几十年经济的持续增长。因此，本书主从城市淡水储藏总量、森林蓄积总量、城市主要工业能源量、城市年发电总量四个方面评价资源型资源的利用与保护水平。基于此，本书假设：

假设 3：资源利用与保护水平（ε_3）对资源型城市转型效果（η_1）有显著影响。

（四）居民收入优化理论

提高居民的经济收入和经济水平是资源型城市转型发展的的基本目标之一，因此资源型城市的居民可支配收入水平与增长状态，必须满足提高资源型城市居民可支配收入水平，实现居民经济收入的有效合理增长。因此，本书主要从居民平均工资收入、人均可支配收入、人均消费性支出和城市居民人均住房面积四方面来评价资源型城市居民收入优化水平。基于此，本书假设：

假设 4：居民收入水平（ε_4）对资源型城市转型效果（η_1）有显著影响。

（五）社会保障优化理论

资源型城市转型发展的的基本目标之一包含提高资源型城市的居民基本保障水平，因此资源型城市的居民基本保障水平状与发展状况是影响资源型城市转型效果的主要衡量指标之一。为了提高资源型城市居民基本保障水平，实现产业经济发展的稳定增长的目标，满足居民的基本生活需求和能够有效实现资源型城市当前发展目标与未来长久发展的协调，既能保证资源型市当前社会生活的基本需求水平，又有利于未来几年或几十年居民生活保障水平

95

的有效增长。因此，本书主要从城镇居民基本养老金、城镇基本医疗保险以及城镇居民失业率水平来评价资源型城市社会保障水平状态。基于此，本书假设：

假设5：社会保障水平（ε_5）对资源型城市转型效果（η_1）有显著影响。

（六）生态环境保护理论

环境治理与生态保护是资源型城市型城市转型发展的的基本目标之一，环境治理是指资源型城市由于经济建设或具名生活而导致环境受到不能程度的污染和破坏，资源型城市通过运用一定的方式对环境控制的过程，而生态环境保护是资源型城市环境治理所需要实现的目标。在面对资源约束紧急、环境污染严重、生态退化严重等形式提出建设美丽中国战略，因地制宜的发展绿色经济、循环经济、低碳经济，实现资源型城市经济发展的持续性，资源型城市所选择的产业发展方式必须在尊重生态环境保护的前提下实现资源型城市的整体经济的有效合理增长。因此，本书从建成区绿化覆盖率、城市生活污水处理率、工业固体排放处埋率四个方面来评价资源型城市生态环境保护水平。基于此，本书假设：

假设6：生态环境保护（ε_6）对资源型城市转型效果（η_1）有显著影响。

二、测量指标构建

（一）资源型城市产业结构水平

产业结构优化理论主要是对城市产业可持续发展提供依据，通常认为资源型城市产业发展中，第二、第三产业所占经济总量的比重越高，城市的产业发展水平越好，即城市转型效果就越好。资源型城市的产业结构优化主要反映的是资源型城市各产业结构占本城市或地区中的生产总值的比重，结构优化值通常视为为了提高第二、第三产业对经整体经济总量的比重情况，尤其是第三产业占比情况，使之达到最佳状态。具体计算公式如上文信息熵法构建指标一致：

①城市规模以上工业生产增加值（X_1），该指标可直接从地区统计年鉴查询；

②第三产业增加值占 GDP 比重（X_2），该指标可以通过以下公式计算：

第三产业增加比 = 第三产业增加值/地区年生产总值×100%；

③第二产业生产总值占地区生产总值比重（X_3），该指标可以通过以下公式计算：

第二产业增长比 = 第二产业增加值/地区年生产总值×100%。

（二）资源型城市经济发展水平

为了实现资源型城市产业经济发展的稳定增长的目标，满足资源型城市的城市整体经济的有效合理增长，能够有效实现资源型城市当前发展目标与未来长久发展的协调，既能保证资源型市当前经济的发展水平，又有利于未来几年或几十年经济的持续增长。相关指标及其具体计算公式如上文信息熵法构建指标一致：

①人均 GDP（X_4），该指标计算公式为：

人均 GDP = 城市生产总值/城市人口总数；

②经济增长率（X_5），该指标计算公式为：

$$经济增长率 = \frac{（第二年地区生产总值 - 第一年地区生产总值）}{第二年地区生产总值} \times 100\%$$

③居民恩格尔系数（X_6），该指标计算公式为：

居民恩格尔系数 = 居民食品消费金额/居民人均消费总支出×100%；

④实际利用外资金额（X_7），该指标可以从地区统计年鉴查询；

⑤社会固定资产投资总额（X_8），该指标从地区统计年鉴查询；

⑥财政收入占生产总值比（X_9），该指标计算公式如下：

财政收入占生产总值比重 = 年财政收入/年地区生产总值 × 100%。

（三）资源利用与保护水平

实现资源的有效保护和资源的合理利用资源型城市转型发展的的基本目标之一，因此资源型城市所选择的产业发展方式必须在充分利用本地区的资源的基础上合理的保护资源，从而满足资源型城市的经济的有效合理增长，使资源型城市得自然资源既满足当前发展目标，又能够为未来长久发展提供有力的动力与基础，相关指标及其具体计算公式如上面信息熵法构建指标一致：

①城市淡水储藏总量（X_{10}），该指标可以从专业数据库中查询；

②城市森林蓄积总量（X_{11}），该指标可以从专业数据库中查询；

③城市主要工业能源量（X_{12}），该指标可以从专业数据库中查询；

④城市年发电总量（X_{13}），该指标从地区统计年鉴查询。

（四）居民收入优化指标

提高居民的经济收入和经济水平是资源型城市转型发展的的基本目标之一，因此资源型城市的居民可支配收入水平与增长状态是影响资源型城市转型效果的主要衡量指标之一。必须满足提高资源型城市居民可支配收入水平，实现居民经济收入的有效合理增长，相关指标及其具体计算公式如上面信息熵法构建指标一致：

①平均工资（X_{14}），该指标从地区统计年鉴查询；

②人均可支配收入（X_{15}），该指标从地区统计年鉴查询；

③人均消费性支出（X_{16}），该指标从地区统计年鉴查询；

④居民人均住房面积（X_{17}），该指标计算公式如下：

居民人均住房面积 = 居民房屋总面积/居民总数 × 100%。

（五）社会保障优化指标

为了提高资源型城市居民基本保障水平，实现产业经济发展的稳定增长

的目标，满足居民的基本生活需求和能够有效实现资源型城市当前发展目标
与未来长久发展的协调，既能保证资源型市当前社会生活的基本需求水平，
又有利于未来几年或几十年居民生活保障水平的有效增长，相关指标及其具
体计算公式如上面信息熵法构建指标一致：

①城镇登记失业率（X_{18}），该指标可以从地区统计年鉴查询；

②参加城镇基本养老保险（X_{19}），该指标可以从地区统计年鉴查询；

③参加城镇基本医疗保险（X_{20}），该指标可以从地区统计年鉴查询。

（六）生态环境优化指标

环境治理与生态保护是资源型城市型城市转型发展的的基本目标之一，
环境治理是指资源型城市由于经济建设或具名生活而导致环境受到不能程度
的污染和破坏，资源型城市通过运用一定的方式对环境控制的过程，而生态
环境保护是资源型城市环境治理所需要实现的目标相关指标及其具体计算公
式如上面信息熵法构建指标一致，相关指标及其具体计算公式如上面信息熵
法构建指标一致：

①建成区绿化覆盖率（X_{21}），该指标计算公式如下：

建成区绿色化覆盖率 = 城市绿地总面积/城市用地总面积 × 100%；

②城市生活污水处理率（X_{22}），该指标计算公式如下：

城市污水处理率 = 城市生活污水处理量/城市生活污水排放量 × 100%；

③工业固体排放处理率（X_{23}），该指标计算公式如下：

工业固体排放率 = 工业固体处置量/工业固体处置生产总量 × 100%。

（七）资源型城市转型效果

资源型城市转型效果是指资源型城市或者地区由于内外部发展压力，综
合运用科学技术、信息技术、管理机制等手段与方法对本区域内经济结构与
产业结构进行系统、科学、全面地调整，从而实现本区域经济结构更加合理，

经济发展速度得以提升。因此，一个地区的经济转型表面看来是经济结构的优化与产业结构的调整，其实质涉及经济社会的方方面面，对本区域内的经济社会存在显著影响。本书通过上面第三章的相关方法，计算出资源型城市转型综合指数（Y_1）。

因此，本书所有测量指标及其数据来源如表 4 - 5 所示：

表 4 - 5   测量指标及其数据来源

潜在变量	测量指标	变量符号	数据来源
产业结构水平 ε_1	城市规模以上工业生产增加值	X_1	统计年鉴
	第三产业增加值占 GDP 比重	X_2	计算公式
	第二产业生产总值占地区生产总值比重	X_3	计算公式
经济发展水平 ε_2	人均 GDP	X_4	计算公式
	经济增长率	X_5	计算公式
	居民恩格尔系数	X_6	计算公式
	实际利用外资金额	X_7	统计年鉴
	社会固定资产投资总额	X_8	统计年鉴
	财政收入占生产总值比	X_9	计算公式
资源利用与保护水平 ε_3	城市淡水储藏总量	X_{10}	专业数据库
	城市森林蓄积总量	X_{11}	专业数据库
	城市主要工业能源量	X_{12}	专业数据库
	城市年发电总量	X_{13}	统计年鉴
居民收入水平 ε_4	平均工资	X_{14}	统计年鉴
	人均可支配收入	X_{15}	统计年鉴
	人均消费性支出	X_{16}	统计年鉴
	居民人均住房面积	X_{17}	计算公式
社会保障水平 ε_5	城镇登记失业率	X_{18}	统计年鉴
	参加城镇基本养老保险	X_{19}	统计年鉴
	参加城镇基本医疗保险	X_{20}	统计年鉴
生态环境水平 ε_6	建成区绿化覆盖率	X_{21}	计算公式
	城市生活污水处理率	X_{22}	计算公式
	工业固体排放处理率	X_{23}	计算公式
城市转型效果 η_1	城市转型综合指数	Y_1	计算公式

三、数据来源与选取

本书以安徽省淮南市为例进行研究，根据上述关于转型路径理论的六个基本假设以及各潜在变量及其对应的相关测量指标体系，结合淮南市城市转型基本现状，产业结构、经济发展、资源利用、居民收入、社会保障、生态环境保护等六个方面选取城市转型发展的测量数据，数据的主要来源包含以下几类：

1.《安徽省统计年鉴》（2006－2015 年各年份），数据来源链接 http：//www. ahtjj. gov. cn/tjjweb/web/index. jsp.

2.《淮南市统计年鉴》（2006－2015 年各年份），数据来源链接 http：//tjj. huainan. gov. cn/15642315. html；

3.《国民经济和社会发展统计公报》（2006－2015 年各年份），数据来源链接 http：//www. tjcn. org/tjgb/；

4. 专业数据库，主要是从国泰安数据库和万德数据库中查找。

本书在收集数据与整理过程中，主要从上述四种数据来源来收集本文相关研究数据，以确保数据的科学性和真实性。

四、信度、效度分析

（一）信度检验

为了验证测量指标体系对测量结构相关构成要素的内部稳定性与一致性，判断测量指标是否能够衡量测量问题，通常需要对测量指标体系的信度展开分析。当前在结构方程模型中，存在多种关于信度检验的方法，本书采用由学者 L. J. Cronbach 创建的 Cronbach's α 系数测量方法。通过对资源型城市转型效果测量指标体系信度的展开检验，从判断所构建的评价体系是否具有一致性和稳定性。通常，关于测量指标体系的信度表现主要从 Cronbach's α 系数取值大小来反映，总体取值区间为 0 到 1，包含 0 和 1。根据不同的研究目标以及对象的研究对象，对 Cronbach's α 系数的取值与评判标准不一致。本书通过系统分析之后，应用引用 Nunnaally（1978）关于 Cronbach's α 系数取值的判断标准研究，提出当 Cronbach's α 系数取值小于 0.6，其构建的评价指标体系不足以反映问题内部一致性，则应拒绝接受该评价指标体系。具体评判标准如表 4-6 所示：

表 4-6　信度检测标准

取值范围	检验标准
Cronbach's α < 0.6	拒绝
0.6 ≤ Cronbach's α < 0.7	一般
0.7 ≤ Cronbach's α < 0.8	较好
0.8 ≤ Cronbach's α < 0.9	理想
Cronbach's α ≥ 0.9	非常理想

根据上述信度检验的衡量标准要求，本书运用 AMOS 软件对资源型城市转型效果测量指标的单项指标信度和整体信度水平进行检验，检验结果如表 4-7 所示。

表 4-7　指标信度检验结果

潜在变量	测量维度	Cronbach's α
外在潜变量	产业结构水平	0.7223
	经济发展水平	0.8124
	资源利用与保护水平	0.8435
	居民收入水平	0.7256
	社会保障水平	0.7613
	生态环境水平	0.8332
内在潜在变量	转型综合指数	1

根据表 4-7 计算结果，各单项检测值均大于 0.7，资源型城市转型效果

测量体系中所包含的两部分内容的信度符合标准值要求。因此，上述构建的资源型城市转型效果测量指标体系所有测量项均达到标准值要求，该测量体系的信度检验符合标准要求。

（二）效度分析

为了验证测量指标体系对测量问题本身正确测量的程度，判断测量指标能否如实检测测量问题，通常需要对测量指标体系的效度展开分析。效度通常分为内容效度和结构效度两种基本形式，结构效度主要反映测量问题对于反映测量指标信息的本身有效程度，内容效度主要是反映测量问题对于反映测量指标信息的有效程度。在结构方程模型中，关于效度检验的的方法主要是学者 Kaiscr 开发的用 KMO（适切性指数）值的评判方法与标准。本书运用 SPSS 对将开发的资源型城市转型效果测量体系中的 7 个测量维度 23 个测量问题展开效度检验，测量结果如表 4－8 所示。

表 4－8 资源型城市转型效果 KMO 值和 Battlett 球形检验

Kaiser－Meyer－Olkin Measure of Sampling Adequacy.		0.7262
Bartlett's Test of Sphericity	Approx. Chi-Square	3142368
	df	241
	Sig.	0000

根据 KMO（适切性指数）值的评判标准，当 KMO 取值小于 0.6 是不是和做因子分析，其对应的不满足效度检验要求，当 KMO 取值为 0.6 到 0.7 之间则满足基本要求，当 KMO 取值为 0.7 到 0.8 之间则比较适合相关分析，当 KMO 取值为 0.8 到 0.9 之间则处于理想状态，当 KMO 取值为 0.9 到 1 之间非常适合相关分析要求。上表效度结果检验显示，测量指标项的 KMO 值为 0.7262，Battlett 球的显著性概率为 0.000，小于显著性检验参考标准值 0.001，因此资源型城市转型效度检验结果满足基本要求，符合结构方程模型分析的基本要求。

五、初始关系检验

(一) 违规性检验

根据 SEM 结构模型的建模与分析要求，运用结构方程模型进行潜在变量路径分析前要对模型进行违规性检查，从而保证整体模型构建的效果。违规性检验的基本要求主要包含：①无负值方差存在；②标准化系数小于 1；③测量误差值小于 1。因此，根据上述标准，本书运用 AMOS17.0 对资源型城市转型效果展开违规性检验，各个测量指标的方差计算值如表 4-9 所示。

表 4-9 初始方差测量值

测量指标	Estimate	S.E	C.R	P
ε_1	0.5217	0.0339	7.2265	* * *
ε_2	0.5779	0.0731	8.6134	* * *
ε_3	0.6347	0.0654	8.5155	* * *
ε_4	0.7314	0.0324	7.2973	* * *
ε_5	0.6225	0.0418	8.1327	* * *
ε_6	0.7196	0.0367	9.2886	* * *
η_1	0.5213	0.0516	8.8815	* * *
X_1	0.6538	0.0365	8.2285	* * *
X_2	0.7819	0.0476	7.4613	* * *
X_3	0.4507	0.0383	9.6113	* * *
X_4	0.5442	0.0564	9.0082	* * *
X_5	0.6717	0.0349	8.7743	* * *
X_6	0.6843	0.0368	8.2956	* * *
X_7	0.6526	0.0337	7.2125	* * *
X_8	0.6285	0.0461	8.4372	* * *
X_9	0.8158	0.0355	9.8430	* * *
X_{10}	0.7513	0.0381	7.5772	* * *
X_{11}	0.6527	0.0498	8.8860	* * *
X_{12}	0.6091	0.0363	7.2543	* * *

续表

测量指标	Estimate	S.E	C.R	P
X_{13}	0.5594	0.0575	7.3822	* * *
X_{14}	0.7514	0.0782	9.5185	* * *
X_{15}	0.5691	0.0474	8.4029	* * *
X_{16}	0.5409	0.0536	9.9041	* * *
X_{17}	0.5618	0.0327	7.0639	* * *
X_{18}	0.6635	0.0816	8.2523	* * *
X_{19}	0.6597	0.0481	9.4113	* * *
X_{20}	0.7242	0.0767	8.7723	* * *
X_{21}	0.6683	0.0358	8.6043	* * *
X_{22}	0.7243	0.0672	9.1165	* * *
X_{23}	0.8105	0.0469	7.8378	* * *
Y_1	0.7682	0.0688	8.0043	* * *

表 4-9 显示最小为 0.4507 最大值为 0.8158，初始测量误差值未出现负值，因此上述方差的误差值均符合基本标准；标准差 S.E 的结果值均大于 0.3 且小于 1，最小值为 0.0324 最大值为 0.0816，因此资源型城市转型效果测量体系中出现违规现象，资源型城市转型效果测量体系的初始结构方程模型通过违规估计检测。

(二) 适配度检验

根据结构方程模型建模要求，需要对构建模型的适配度进行检验，从而判断研究假设是否成立。通常，在结构方程模型的构造中，一般采用 A-MOS17.0 从内在适配度和模型整体适配度两个视角展开检验适配度检验，接下来分别从上内在适配度和整理适配度对模型进行检验。

1. 内在适配度检验

内在适配度检验主要是对所构建的潜在变量与潜在变量之间的关系路径是否符合结构方程的标准展开检验。在结构方程模型中通常使用临界值、独立性等指标进行考核，通常要求作用路径中临界值 C.R 的绝对值大于 1.965、

105

标准化系数 S.E 大于 0.3、显著性水平 P 小于 0.05。接下来运用 AMOS17.0 对内部适配性检验进行计算，结果见表 4 – 10。

表 4 – 10　初始模型的内部适配度检验值

作用路径	S.E	C.R	P	是否符合
$\varepsilon_1 \rightarrow \eta_1$	0.5141	2.2412	＊＊＊	是
$\varepsilon_2 \rightarrow \eta_1$	0.6428	2.1056	＊＊＊	是
$\varepsilon_3 \rightarrow \eta_1$	0.6428	2.6056	＊＊＊	是
$\varepsilon_4 \rightarrow \eta_1$	0.5481	1.8742	＊＊＊	否
$\varepsilon_5 \rightarrow \eta_1$	0.6173	2.2143	＊＊＊	是
$\varepsilon_6 \rightarrow \eta_1$	0.5129	2.1263	0.0514	否

通过上表计算结果表明，在上述所有路径中 $\varepsilon_4 \rightarrow \eta_1$（C.R = 1.8742 < 1.965）、$\varepsilon_6 \rightarrow \eta_1$（P = 0.0514 > 0.05）未达到结构方程内在适配度检验的参考标准要求，因此，在资源型城市转型效果潜在变量路径初始分析中有两处未通过标准检验。

2. 整体适配度检验

根据结构方程模型关于模型整体适配度检验要求，通过对模型适配度检验模型整体适配度检验，从而判断所搜集的数据与构建模型整体适配状况。本文主要从从残差均方根（RMR）、常规拟合（NFI）、简效拟合优度（PG-FI）、增值拟合（IFI）、简效规范拟合（PNFI）、拟合优度（GFI）等整体适配度指标进行检测，资源型城市整体适配度指标的检验结果如表 4 – 11 所示。

表 4 – 11　初始整体模型的适配度检验值

检验量	RMR	RMSEA	GFI	NFI	IFI	CFI	PGFI	PNFI
标准	<0.05	<0.08	>0.90	>0.90	>0.90	>0.90	>0.50	>0.50
计算值	0.0543	0.0794	0.9013	0.9164	0.9057	0.8827	0.5512	0.5131
检测结果	否	是	是	是	是	否	是	是

通过表 4 – 11 关于初始模型整理适配度检测结果表明，RMR 与 CFI 未达到参考标准要求，因此，资源型城市转型效果整体模型中有两处未通过标准

检验。

因此，根据上述模型内在适配度和整体适配度检验结果显示，在模型整体适配度检验 RMR 与 CFI 未达到结构方程模型相关参考标准，在模型的内部适配度检验中 $\varepsilon_4 \rightarrow \eta_1$、$\varepsilon_6 \rightarrow \eta_1$ 两条路径未达到结构方程相关内在适配度检验标准。因此，需要对各种作用关系进行进一步修正，直至满足相关要求。

六、作用关系修正

通常，在结构根据结构方程模型的建模过程，原始数量的处理直接满足结构方程的所有要求相对比较稀少，因此需要通过一定的手段与方法来调整整体结构或相关参数，因此接下来通过删除明显不合理路径以及运用 A-MOS17.0 路径修正功能对资源型城市转型效果路径中相关变量进行计算，计算出作用路径的修正指标（M.I），根据修正指标相关结果优化模型整体适配，路径修正指标结果结果如表 4 – 12 所示。

表 4 – 12 初始模型潜在变量路径修正指标

作用路径	M.I.	P.ar Change
$\varepsilon_1 \rightarrow \eta_1$	15.947	0.193
$\varepsilon_2 \rightarrow \eta_1$	16.836	0.304
$\varepsilon_3 \rightarrow \eta_1$	18.825	0.226
$\varepsilon_4 \rightarrow \eta_1$	17.365	0.274
$\varepsilon_5 \rightarrow \eta_1$	17.749	0.202
$\varepsilon_6 \rightarrow \eta_1$	16.656	– 0.198

根据统计学相关知识，当 $\chi^2_{0.05}(1)$ 时其对应的临界值 C.R. 为 3.84。因此，表 4 – 12 中当 C.R. > 3.84 时，增加或者减少一个自由度就能够有效释放路径参数的一个基本单位，直至资源型城市转型效果的内部适配度、模型整体适配度的最终相关评价指标均符合上述参数标准规定。

七、作用关系确立

在结构根据结构方程模型的建模过程，原始数量的处理直接满足结构方程的所有要求相对比较稀少，因此需要通过一定的手段与方法来调整整体结构或相关参数，通过删除模型明显不合理路径以及运用 AMOS17.0 路径修正功能对资源型城市转型效果路径中相关变量进行计算，通过不断修正、迭代大方法中，获得资源型城市转型的最终结构模型。当模型最终内部适配度指标、整体适配度指标均符合标准，此时获得的最终资源型城市转型效果路径分析，最终的资源型城市转型路径及其适配度指标如表 4-13 所示，模型整体适配度指标检测表如表 4-14 所示。

表 4-13　最终资源型城市转型路径及其内部适配度检验值

作用路径	S.E	C.R	P	是否符合
$\varepsilon_1 \to \eta_1$	0.5141	2.2412	＊＊＊	是
$\varepsilon_2 \to \eta_1$	0.6428	2.1056	＊＊＊	是
$\varepsilon_3 \to \eta_1$	0.6428	2.6056	＊＊＊	是
$\varepsilon_4 \to \eta_1$	0.5481	2.8742	＊＊＊	是
$\varepsilon_5 \to \eta_1$	0.6173	2.2143	＊＊＊	是
$\varepsilon_6 \to \eta_1$	0.5329	2.1263	＊＊＊	是

表 4-14　最终资源型城市转型效果整体适配度检验值

检验量	RMR	RMSEA	GFI	NFI	IFI	CFI	PGFI	PNFI
标准	<0.05	<0.08	>0.90	>0.90	>0.90	>0.90	>0.50	>0.50
计算值	0.043	0.079	0.907	0.904	0.912	0.927	0.512	0.503
检测结果	是	是	是	是	是	是	是	是

通过表计算结果表明，在上述所有路径中所有路径指标均达到结构方程内在适配度检验的参考标准要求，同时模型整体适配度指标均达到标准要求，因此，资源型城市转型效果作用路径及其关系强弱均已确定。

第三节　研究结论

一、产业结构对资源型城市转型效果有显著影响成立

根据上述分析，产业结构（ε_1）对资源型城市转型效果（η_1）有显著影响成立，因此假设 1 成立。资源型城市转型发展的的基本方式之一就是优化产业结构，产业结构的发展水平与结构特征将是影响资源型城市转型的主要衡量指标之一。根据可持续发展的目标，资源型城市所选择的产业发展方式能够实现当前发展目标与未来长久发展的统一与协调，既能保证资源型市当前经济的发展水平，又有利于未来几年或几十年经济的持续增长。因此，产业结构优化理论主要是对城市产业可持续发展提供依据，通常依据长夜结构高度化理论，通常认为资源型城市产业发展中，第二、第三产业所占经济总量的比重越高，城市的产业发展水平越好，即城市转型效果就越好。资源型城市的产业结构优化主要反映的是资源型城市各产业结构占本城市或地区中的生产总值的比重，结构优化值通常视为了提高第二、第三产业对经整体经济总量的比重情况，尤其是第三产业占比情况。

二、经济发展水平对资源型城市转型效果有显著影响成立

根据上述分析，经济发展水平（ε_2）对资源型城市转型效果（η_1）有显著影响成立，因此假设 2 成立。资源型城市转型发展的的基本目标之一就是要提高经济发展水平，因此资源型城市的经济发展水平及发展状态是影响资源型城市转型效果的主要衡量指标之一。资源型城市所选择的产业发展方式必须满足资源型城市的城市整体经济的有效合理增长，能够有效实现资源型

城市当前发展目标与未来长久发展的协调，既能保证资源型市当前经济的发展水平，又有利于未来几年或几十年经济的持续增长。因此，资源型城市经济发展水平既要既要培育好新的经济增长点，又要能有效促进经济增长和提高居民基本生活为前提。

三、资源利用与保护水平对资源型城市转型效果有显著影响成立

根据上述分析，资源利用与保护水平（ε_3）对资源型城市转型效果（η_1）有显著影响成立，因此假设 3 成立。实现资源的有效保护和资源的合理利用资源型城市转型发展的的基本目标之一，因此资源型城市的资源利用与保护水平是影响资源型城市转型效果的主要衡量指标之一。资源型城市所选择的产业发展方式必须在充分利用本地区的资源的基础上合理的保护资源，从而满足资源型城市的经济的有效合理增长，使资源型城市得自然资源既满足当前发展目标，又能够为未来长久发展提供有力的动力与基础，有利于未来几年或几十年经济的持续增长。

四、居民收入水平对资源型城市转型效果有显著影响成立

根据上述分析，居民收入水平（ε_4）对资源型城市转型效果（η_1）有显著影响成立，因此假设 4 成立。提高居民的经济收入和经济水平是资源型城市转型发展的的基本目标之一，因此资源型城市的居民可支配收入水平与增长状态是影响资源型城市转型效果的主要衡量指标之一。为了实现提高资源型城市居民的经济收入和经济水平的目标，资源型城市所选择的产业发展方式必须满足提高资源型城市居民可支配收入水平，实现居民经济收入的有效合理增长。

五、社会保障水平对资源型城市转型效果有显著影响成立

根据上述分析，社会保障水平（ε_5）对资源型城市转型效果（η_1）有显著影响成立，因此假设5成立。资源型城市转型发展的的基本目标之一包含提高资源型城市的居民基本保障水平，因此资源型城市的居民基本保障水平状与发展状况是影响资源型城市转型效果的主要衡量指标之一。为了提高资源型城市居民基本保障水平，实现产业经济发展的稳定增长的目标，满足居民的基本生活需求和能够有效实现资源型城市当前发展目标与未来长久发展的协调，既能保证资源型市当前社会生活的基本需求水平，又有利于未来几年或几十年居民生活保障水平的有效增长。

六、生态环境保护对资源型城市转型效果有显著影响成立

根据上述分析，生态环境保护（ε_6）对资源型城市转型效果（η_1）有显著影响，因此假设6成立。环境治理与生态保护是资源型城市型城市转型发展的的基本目标之一，环境治理是指资源型城市由于经济建设或居民生活而导致环境受到不能程度的污染和破坏，资源型城市通过运用一定的方式对环境控制的过程，而生态环境保护是资源型城市环境治理所需要实现的目标。在面对资源约束紧急、环境污染严重、生态退化严重等形式提出建设美丽中国战略，因地制宜的发展绿色经济、循环经济、低碳经济，实现资源型城市经济发展的持续性，资源型城市所选择的产业发展方式必须在尊重生态环境保护的前提下实现资源型城市整体经济的有效合理增长。

第五章　资源型城市转型预测研究

在社会生产与生活过程中，随着时间的变化，事物也在随着变化，因此，时间序列作为一种普遍存在的社会经济现象存在，由此产生的时间序列数据对解释经济社会发展问题有着独特的作用。与一般数据相比，时间序列数据通常是按照一定的时间间隔而进行统计与排序的，每一个具体的数值都对应着唯一的时间点，这些时间点与其相对应的数据记录着事物发展变化的规律。因此，如何通过这些带有时间标记的资源型城市发展的数据中挖掘有效信息，形成科学合理的决策建议，对资源型城市未来发展来说至关重要。通过对现有时间序列数据的充分挖掘，从而从时间发展视角探寻经济发展规律，预测经济发展效果，对资源型城市未来发展提出相应的政策建议，提高数据的使用价值，不仅对数据挖掘有显著作用，而且对资源型城市发展意义同样重大。

第一节　时间序列分析的基本理论

一、时间序列的定义

时间序列是指通过对某一事物发展便的观察，依据事物发展变化的时间先后来记录事物发展变化状况，通过一系列带有时间序列标记的数值组成。通常，在经济发展变化过程中，某一时间序列数据可以用二元数组（t，a）进行表示，其中，横坐标为 t 记录着时间变化情况，通常可以输年、月、周、天、时、分、秒等基本单位，纵坐标 a 为观察变量实际变量，即反映了观测变量的实际含义。例如，某一城市的每年 GDP 数据，每年的时间变量记录不同时期，而与之对应的 GDP 则对应着生产总值的实际水平。通过上述关于时间序列的描述，我们对其定义如下：

时间序列是指在一个二维数组 R 中，将数二维数组的横坐标记为时间 t，将纵坐标的值记为实际变化值 a，形成一个有限数据集合 $\{(t_1, a_1), (t_2, a_2), (t_3, a_3), \cdots, (t_n, a_n)\}$，其中要求 $t \leqslant t+1$，其中 $n = (1, 2, \cdots, N)$。

时间序列作为一种普遍存在的社会经济现象存在，由此产生的时间序列数据对解释经济社会发展问题有着独特的作用。例如，社会经济发展而形成的时间序列数据，主要是指由于社会经济发展而形成的经济、金融数据。例如，股票价格、股票交易量、股票市场波动率、地区 GDP、地区 CPI 等。例如，通对某一股票长时期的价格分析，运用时间序列的相关理论与方法，可有有效预测其未来某段时间的价格变化情况。通过某一地区今年来 GDP 实际值产值的观察，运用时间序列的相关理论与方法，可以有效预测该地位未来一段时间内的 GDP 的产值及其变化情况。因此，对科学研究工作来说，通过时间序列的相关分析，可以从一个新的视角来阐述经济社会发展变化规律，有利于形成正确的预测与决策。

二、时间序列的表示

上面给出时间序列的基本表示方法，对一个时间序列数据来说，要想深入挖掘时间序列数据中的相关信息，通常有两种基本思路，其一是发现或者构造一种良好的时间序列分析方法，其二是改变原有时间序列数据的基本结构，如将年度地区 GDP 通过一定的方法变化为月度的 GDP，从而发现经济生产总值更详细的变化信息。接下来，本书从时间序列的分析方法视角出发，对时间序列数据展开详细分析。时间序列长度作为时间序列数据的一个重要概念，可以给出如下定义：

时间序列长度是指对于有限的时间序列数据集 T 的长度来说，$T = t_1, t_2, \cdots, t_n$，时间序列数据集 T 的长度就是构成该数据集 T 的实际数值的个数，即为 $|T| = n$。

对时间序列数据来说，即使有效长的时间序列数据集，其长度也是比较长的，尤其是近年来随着数据记录、传输的便捷，时间序列数据的发展与应用更加广泛。时间序列数据越长，对数据分析来说既有利又有弊，长序列时间数蕴藏的信息通常更加充分，但是，时间序列数据长度越长，导致数据的维度就越高，从而发生"高维灾难"。因此，时间序列数据分析过程中，原来较为静态分析方法或相关算法很难直接运用到长度较长的时间序列分析中。值得庆幸的事，由于在资源型城市经济发展转型中，与之相对应的时间间隔通常用年来表示，所有时间序列长度并不长，从而在本书研究中不着重介绍时间序列的降低维度等方法。在时间序列数据实际分析过程中，通常包括小波变换、傅里叶变换、奇异值分解和分段分解四种方法来解决时间序列数据的"高维灾难"。

因此，对时间序列数据而言，能够准备表示数据内在特征的时间序列数据通常要求满足几个基本特征，本书对时间序列的良好表示方式的特征进行总结，5个主要特征如下所示：

有效降维。由于时间序列的相关挖掘与分析方法的主要障碍之一就是时间序列的"高维灾难"，因此，对以优良的时间序列表示方式来说，应该在不影响序列本身信息的基础上有效降低序列的维度。

准确性。由于时间序列分析的最终目的是为了挖掘时间序列中蕴含的有价值的数据信息，时间序列表示的基本要求就是要求其能够准去反映时间序列的内在信息，因此，对优良的时间序列数据表示方式来说，应该能准确表达时间序列内部信息。

一致性。由于时间序列数据分析的手段与方法大多数是依赖现代计算与编程技术，因此，对一个优良的时间序列表示方式来说，应该要求其能够适应不能运行规则的要求，而这些要求的前提就是具有良好的一致性。

快速性。随着现代信息技术与计算科学的发展，时间序列数据存量越来越大，为了能及时挖掘时间序列数据的有效信息，因此，对一个优良的时间序列表示方法而言，应该能帮助相关运行程序快速解决问题，实现相应的数据挖掘的目标。

普适性。通常，对一组时间序列的计算与分析，通常不是依赖某一单一的计算方法或者计算程序，而是综合用多种数据分析与挖掘的方法，因此对优良的时间序列数据表示方式而言，时间序列数据的表示应当能满足不同计算方式对数据格式的基本要求，因此要求其表示具有良好的普适性。

三、时间序列分析主要研究方向

近年来，随着信息技术的普及与数据科学大快速发展，时间序列数据的研究得到数据科学家的广泛关注，其商业价值也普遍增加。因此，如何在错综复杂的时间序列数据中挖掘其真实信息，发现时间序列数据中事物发展的真实规律，最终为相关决策者提出决策支持或依据是时间序列数据分析的主要目标之一。因此，本书梳理时间序列数据的的主要研究方向为以下三点：

（一）预测研究

事物在发展变化过程中总是处在不断变化的时间范围中，这种带有时间标号的事物发展变化状况通常与外界相关事物或者要素有着紧密的联系，通过研究时间变量而与之变化的变量之间的关系从而能更好地揭示事物发展变化规律，并且通过事物发展变化规律的发现从而能够实现较好的预测效果。

因此，时间序列数据的主要研究方向之一就是通过对时间序列数据的历史数据进行分析，从而发现历史数据的变化规律，用该种变化规律为依据，预测相关事物未来发展状态。

通常，关于事物的发展预测研究中，最常见的方法就均值回归，均值回归由于简单、实用，因此在社会经济发展中应用非常广泛。通常，均值回归用 $\vec{y} = \vec{\beta}X + \vec{\varepsilon}$ 进行表示，在均值回归中，$\vec{\beta}$ 是为回归系数，决定了不同自变量 X 的作用大小，$\vec{\varepsilon}$ 是回归的误差项，$\vec{y}$ 是预测值，即因变量。运用均值回归虽然简单、易行，但是对实时变化的数据来说，也就是对流式数据分析来说，均值回归难以实现实时处理，尤其对在经济、金融活动中产生的时间序列数据而言，数据之间关联性较强，从而导致均值回归形成的虚假回归。因此，对一些确定性不足、变化速度较快的的数据来说，往往需要新的处理方法，如时间序列分析中的指数平滑方法等，从而提高事物预测的准确性。学者 Box 和 Jenkins 于 20 世纪 70 年代以随机理论为基础，分析时间序列数据，并构造了 ARMA 模型，该模型通过对消除序列的长期水平等相关处理方法对实际的时间序列数据展开处理，从而有效提升了模型的预测精度。关于 ARMA 模型的运用，学者黄俊运用该模型对我国能源需求进行了预测研究，实证表明预测误差率低于 5%。学者孙承杰运用 ARMA 模型通过搜索引擎中的时间序列数据对相关经济问题进行了预测。学者李琼运用 ARMA 模型对台风的风力、风速进行了预测。然而，通过对国内资源型城市转型发展研究梳理发现，当前国内学者并未将 ARMA 运用到资源型城市转型发展预测的研究中。

（二）聚类

事物在发展过程中常常出现"物以类聚，人以群分"的现象，因此在事物发展变化过程中，这种带有时间标号的事物发展变化状况通常与外界相关事物或者要素有着紧密的联系，通过研究时间变量而与之变化的变量之间的

116

关系从而能更好的揭示事物发展变化规律，通过对事物之间的联系进行准确聚类，运用无导师的学习方式来揭示事物发展变化规律，一直以来是人们学习研究的主要方向之一。因此，时间序列数据的主要研究方向之一就是关于时间序列数据的聚类研究，通过对时间序列数据的历史数据进行分析，从而发现历史数据的本质联系，用该种本质联系规律为依据，揭示事物发展的本质规律。在现实生活中，聚类分析的案例普遍存在，尤其是近几年机器学习的盛行，让计算机可以像人一样根据模型度量来进行学习与自学习的过程。因此，对时间序列数据的聚类学习来说，通过对时间序列数据间进行度量，从发现数据之间的联系与区别，根据类间距离最大、类内距离最小的距离依据，将有相似特征的数据进行有效聚类分析。当前，关于时间序列数据聚类分析的方法主要有：密度聚类、层次聚类、划分聚类、网格聚类以及模型聚类五种基本思路与方法。

（三）分类

事物在发展过程中常常需要进行"分类管理"，因此在事物发展变化过程中，这种带有时间标号的事物发展变化状况通常与外界相关事物或者要素有着紧密的联系，通过研究时间变量而与之变化的变量之间的关系从而能更好的揭示事物发展变化规律，通过对事物之间的相似性度量从而实现进行准确分类。因此，时间序列数据的主要研究方向之一就是关于时间序列数据的分类研究，通过对时间序列数据的历史数据进行分析，从而发现历史数据的本质联系，用该种本质联系规律为依据，揭示事物发展的本质规律。在现实生活中，分类分析的案例普遍存在，尤其是近几年机器学习的盛行，让计算机可以像人一样根据模型度量来进行学习与自学习的过程。因此，对时间序列数据的聚类学习来说，通过对时间序列数据间进行度量，从发现数据之间的联系与区别，根据不同类型间距离最大、类与类之间距离最小的依据，将有相似特征的数据进行有效分类分析。当前，关于时间序列数据聚类分析的方法主要有：支持向量机、神经网络、决策树、集成学习等基本思路与方法。

因此，本书通过对时间序列相关定义与相关表示分析，分析了当前时间序列数据分析的主要研究方向已经存在的问题，并且发现 ARMA 在资源型城市转型发展研究中的巨大优势和目前研究的空缺，因此，接下来主要介绍 ARMA 模型的分析原理与基本分析步骤。

第二节　基于 ARMA 的预测模型构建

一、ARMA 模型

（一）模型介绍

作为时间序列模型的主要分析方法之一，自回归移动平均模型（Autoregressive Moving Average，ARMA）运用其进行建模的前提就是判断时间序列是否平稳，将非平稳的时间序列通过一定的方法处理变成平稳的时间序列，从而促进时间序列模型的进一步分析与信息挖掘。通常，转化为平稳的时间序列分析模型主要包括：MA 模型（移动平均模型）、AR 模型（自回归模型）以及有两种方法组合的第三模型 ARMA 模型（自回归移动平均）。通过"参数化"处理方法从而对平稳时间序列进行有效建模，根据时间序列 $\{X_t, t = 0, \pm 1, \cdots\}$ 构造一个包含一个或者多个参数的模型，从而实现构建模型对这种时间序列数据的有效拟合，对数据中相关的特征进行有效提取与表示，从而可以为后续的相关研究提供支持。

从上述分析可以发现，MA 模型与 AR 模型均是 ARMA 模型的一种特殊形式，根据 ARMA 建模的基本思想，某一变量的取值，不但受到历史发展规律的影响而且会受到随机变化因素的影响，因此，ARMA 模型的基本表达方式如下：

$$X_t - \varphi_1 X_{t-1} - \cdots - \varphi_p X_{t-p} = \varepsilon_t - \theta_1 \varepsilon_{t-1} - \cdots - \theta_q \varepsilon_{t-q} \tag{19}$$

上式称为 p 阶自回归 q 阶移动平均模型，要求 ε_t 为白噪声序列，服从 $\varepsilon_t \sim WN(0, \sigma^2)$，且 φ_j（$1 \leqslant j \leqslant p$），$\theta_j$（$1 \leqslant j \leqslant q$），上式记为 ARMA（p，q）模型，当上式中的退化为 $p = 0$，该式被称为 q 阶移动平均模型，记为 MA（q）模型，当上式退化为 $q = 0$ 时，上式称为 p 阶自回归模型，记为 AR（p）模型。

对上式的求解通常是通过构造后移算子 B 实现，通过对上式进行延迟算子的设计，上式转变为

$$\varphi(B) X_t = \theta(B) \varepsilon_t \tag{20}$$

其中要求 $\varphi(B) = 1 - \varphi_1 B - \cdots - \varphi_p B^p$，且 $\theta(B) = 1 - \theta_1 \varepsilon_{t-1} - \cdots - \theta_q B^q$，并要求 $\varphi(B)$ 与 $\theta(B)$ 互素。

（二）关于 ARMA 模型的 ACF 函数（自相关函数）与 PACF（偏自相关函数）

根据上面关于时间序列的定义，一个时间序列数据 $\{X_t, t = 1, 2, \cdots\}$，其 ACF 函数的基本定义如下：

$$\hat{\rho} = \frac{\sum_{t=1}^{n-k}(X_t - \bar{X})(X_{t-k} - \bar{X})}{\sum_{t=1}^{n}(X_t - \bar{X})^2} = \frac{COV(X_{t-k}, \bar{X})}{\sigma_{X_t} - \sigma_{X_{t-k}}} = \frac{\hat{\gamma}_k}{\hat{\gamma}_0} \tag{21}$$

通过上式基本形式，求解 ARMA（p，q）模型 k 阶 ACF 函数主要步骤如下：

首先，将 ARMA 模型的改写为下列形式

$$X_t = \varphi_1 X_{t-1} + \cdots + \varphi_p X_{t-p} + \varepsilon_t - \theta_1 \varepsilon_{t-1} - \cdots - \theta_q \varepsilon_{t-q} \tag{22}$$

然后，在上式的左右两边同乘时间序列的 k 阶滞后期 X_{t-k}，得：

$$X_{t-k} X_t = \varphi_1 X_{t-k} X_{t-1} + \cdots + \varphi_p X_{t-k} X_{t-p} + X_{t-k} \varepsilon_t - \theta_1 X_{t-k} \varepsilon_{t-1} - \cdots - \theta_q X_{t-k} \varepsilon_{t-q} \tag{1}$$

接着，两边取期望：

$$\gamma_k = \varphi_1\gamma_{k-1} + \cdots + \varphi_p\gamma_{k-p} + E(X_{t-k}\varepsilon_t) - \theta_1 E(X_{t-k}\varepsilon_{t-1}) - \cdots - \theta_q E(X_{t-k}\varepsilon_{t-q})$$

从而得到：

$$\gamma_k = \varphi_1\gamma_{k-1} + \cdots + \varphi_p\gamma_{k-p}, k \geq (q+1) \tag{23}$$

因此，求得的 ARMA（p，q）模型的 k 阶 ACF 函数为：

$$\rho_k = \varphi_1\rho_{k-1} + \cdots + \varphi_p\rho_{k-p}, k \geq (q+1) \tag{24}$$

容易看出 ARMA（p，q）的 q 阶之后是否拖尾仅取决于回归参数 p。

同样地，对 ARMA（p，q）模型其 ACF 函数的基本定义如下：

X_t 与 X_{t-j} 的偏相关系数通过去掉 X_{t-1}，$X_{t-2},\cdots,X_{t-j+1}$ 的线性影响，得到的相关系数如下：

$$\varphi_j = \rho_j^* = COV(X_t - E^*(X_t \mid X_{t-1}, X_{t-2}, \cdots, X_{t-j+1},)) \tag{25}$$

从而得到

$$\varphi_{ss} = \frac{\rho_j - \sum_{j=1}^{s-1}\varphi_{s-1,j}\rho_{s-j}}{1 - \sum_{j=1}^{s-1}\varphi_{s-1,j}\rho_j} \qquad s = 3,4,5,\cdots \tag{26}$$

上式表示中，$\varphi_{xj} = \varphi_{x-1,j} - \varphi_{xx,j}\varphi_{x-1,x-j}$，$j = 1$，2，3，$\cdots$，$s-1$，$s$ 代表滞后量。$s > p$ 时，在 AR（p）中，φ_{ss} 为 0，因此 X_t 与 X_{t-j} 不存在直接相关，从而呈现 ARMA 模型的 p 阶截尾。任何一个可逆的 MA（q）都能转换为一个服从几何形式递减的 AR（p）过程，MA（q）的 PCA 函数呈负数指数衰减。

因此，ARMA 模型的 ACF 与 PACF 函数的特征统计如表 5-1 所示：

表 5-1 ARMA 模型的 ACF 与 PACF 函数特征

模型	自相关函数	偏相关函数
AR（p）	拖尾	p 阶截尾
MA（q）	q 阶截尾	拖尾
ARMA（p，q）	拖尾	拖尾

（三）ARMA 确定参数方法

通过上述关于时间序列的其定义，时间序列是指在一个二维数组 R 中，将数二维数组的横坐标记为时间 t ，将纵坐标的值记为实际变化值 a ，形成一个有限数据集合 $\{(t_1,a_1),(t_2,a_2),(t_3,a_3),\cdots,(t_n,a_n)\}$ ，其中要求 $t \le t+1$ ，其中 $n = (1,2,\cdots,N)$ ，运用参数化处理的方法有效拟合 ARMA 模型，具体思路如下：

通过对 ARMA 的 ACF 与 PACF 以及对应的退化函数的分析，可知对于 ARMA 的参数确定可以通过自相关函数与偏自相关函数的相关信息特征进行确定，该种思路也是 ARMA 的主要参数确定方法。通常，结合信息准则对 ARMA 进行参数确定是较为常见的时间序列数据参数确定的方法，主要的信息准则是由学者赤池构造的 AIC 信息准则，其通过将模型参数增加与模型复杂度增加之间的博弈构造而成，因为通常对模型构造来说，通过增加参数能有效提升模型的拟合程度，但是由于参数增多导致模型的复杂度增加从而实用性降低，因此该学者为了寻求两者之间的平衡，构造计算公式如下：

$$AIC(p,q) = N\ln\sigma^2(p,q) + 2(p,q) \tag{27}$$

上式中，N 为总体中抽取的样本容量，其中 k = p + q 为 *ARMA* 模型中的参数个数之和，σ^2 为对模型中的噪声的方差估计，其实质就是由于增加参数会增加模型的拟合能力但同时增加模型复杂度，因此而受到相应的惩罚，这一思想对当前比较流行的机器学习算法来说比较常见。因此，AIC 信息准则以模型拟合的优度为评价的基本准则，既可以防止拟合不足，同时可以防止泛化能力不强。

与 AIC 相同思想的还有一个著名的确定参数的方法叫做 BIC 准则，BIC 准则的计算公式如下：

$$BIC(p,q) = N\ln\sigma^2(p,q) + (p,q)\ln N \tag{28}$$

BIC 准则与 *AIC* 准则的思想是一致的，只是在关于参数增加的"惩罚"力度上的区别。通常情况下，当样本数量比较多时候，*BIC* 信息准则对参数

的选择比 AIC 信息准则对参数的选择效果更有效，反之则 AIC 准则比较有效。

（四）关于 ARMA 模型的极大似然估计

对 ARMA (p, q) 模型，其表示如下：

$$X_t - \varphi_1 X_{t-1} - \cdots - \varphi_p X_{t-p} = \varepsilon_t - \theta_1 \varepsilon_{t-1} - \cdots - \theta_q \varepsilon_{t-q} \tag{29}$$

其中，当上述时间序列满足正态分布时候，$\{\varepsilon_t\}$ 是服从独立同分布的 N $(0, \sigma^2)$ 的一个白噪过程，因此，可以知道白噪过程的 $\varepsilon_t = (\varepsilon_1, \varepsilon_2, \cdots, \varepsilon_n)^T$ 的联合密度函数如下所示：

$$p(\varepsilon \mid \varphi, \theta, \sigma^2) = (2\pi\sigma^2)^{n/2} \exp\left(-\frac{1}{2\sigma^2} \sum_{i=1}^{n} \varepsilon_i^2 \right) \tag{30}$$

其满足 $\varphi = (\varphi_1, \cdots, \varphi_p)^T$，$\theta = (\theta_1, \cdots, \theta_q)^T$。

将上述满足正态分布的时间序列改写为

$$\varepsilon_t = (\varepsilon_1, \varepsilon_2, \cdots, \varepsilon_n)^T$$

$$\varepsilon_t = X_t - \varphi_1 X_{t-1} - \cdots - \varphi_p X_{t-p} + \theta_1 \varepsilon_{t-1} + \cdots + \theta_q \varepsilon_{t-q} \tag{31}$$

得到参数 $(\varphi, \theta, \sigma^2)$ 的函数的似然函数，条件对数似然函数为：

$$\ln L_* (\varphi, \theta, \sigma^2) = -\frac{n}{2} (2\pi\sigma^2) - \frac{S_* (\varphi, \theta)}{2\sigma^2}，其中要求 S_*(\varphi, \theta)$$

$= \sum_{i=1}^{n} \varepsilon_i^2(\varphi, \theta \mid X_*, \varepsilon_*, X)$ 是条件平方和函数。

条件平方和函数进一步可以表示为如下形式：

$$S_*(\varphi, \theta) = \sum_{i=p+1}^{n} \varepsilon_i^2(\varphi, \theta \mid X) \tag{32}$$

得到参数估计 $(\overline{\varphi}, \overline{\theta})$，从而得到 σ^2 的估计值 $\overline{\sigma^2}$：

其中，根据公式 $\overline{\sigma^2} = \dfrac{S_* (\overline{\varphi}, \overline{\theta})}{df}$ 得到估计值，且式中 df 为自由度，且 df $= (n-p) - (p+q+1) = n - (2p+q+1)$。

二、平稳时间序列模型

对 ARMA 模型的运用的最主要的限定就是时间序列数据必须满足平稳性要求，即它的随机扰动项必须服从白噪过程，通常对于随机扰动项不服从白噪过程的非平稳时间序列不可以直接运用 ARMA 模型分析，必须先将其处理为平稳时间序列。

对随机扰动项服从白噪声过程的时间序列 $\{X_t, t=1, 2, \cdots\}$，则对于任意 t，k 和 m 都有如下几项基本性质：

$p(x_t, \cdots, x_{t+k}) = p(x_{t+m}, \cdots, x_{t+k+m})$，即 $p(x_t) = p(x_{t+m})$ 同时具有以下性质：

①数学期望 $u_x = E(x_t)$ 稳定，$E(x_t) = E(x_{t+m})$ 对于任何的 t，m 都成立；

②方差 $\sigma_x^2 = E[(x_t - u_x)^2]$ 稳定，$E[(x_t - u_x)] = E[(x_{t+m} - u_x)]$ 取值任意成立；

③自协方差 $\rho_k = COV(x_t, x_{t+k}) = E[(x_t - \mu_x), (x_{t+m} - \mu_x)]$ 稳定 $COV(x_t, x_{t+k}) = COV(x_{t+m}, x_{t+k+m})$ 取值任意成立。

三、基于 ARMA 时间序列分析步骤

运用 ARMA 模型进行建模的前提就是判断时间序列是否平稳，将非平稳的时间序列通过一定的方法处理变成平稳的时间序列，从而促进时间序列模型的进一步分析与信息挖掘。ARMA 在资源型城市转型发展研究中的巨大优势和目前研究的空缺，因此，接下来主要介绍 ARMA 模型的基本分析步骤，具体如下：

步骤 1：判断序列平稳或非平稳。通过相关方法判断时间序列是否平稳，若是非平稳可以通过差分运算转化为平稳时间序列。

步骤 2：计算序列 ACF 函数和 FPAC 偏函数。通过 单位根 ADF 等准则确定时间序列的平稳性，若是非平稳可以通过差分运算转化为平稳时间序列。

步骤 3：对 ARMA 定阶。运用信息准则 AIC、BIC 准则等相关方法，确定 ARMA 阶数 p、q 的值。

步骤 4：确定 ARMA 估计值。利用最大似然估计得到 $ARMA(p,q)$ 估计值，从而表示时间序列。

第三节　淮南市城市转型预测研究

一、转型发展预测的数据来源

本书以安徽省淮南市为例进行研究，根据上述关于资源型城市转型路径假设以及安徽省淮南市基本现状，接下来分别对资源型城市产业结构水平、资源型城市经济发展水平、资源型城市资源利用水平、资源型城市居民收入水平、资源型城市社会保障水平、资源型城市生态环境保护水平等六个方面选取城市转型发展的测量数据，数据的主要来源包含以下几类：

1. 《安徽省统计年鉴》（2006 - 2015 年各年份），

数据来源链接 http：//www. ahtjj. gov. cn/tjjweb/web/index. jsp。

2. 《淮南市统计年鉴》（2006 - 2015 年各年份），

数据来源链接 http：//tjj. huainan. gov. cn/15642315. html。

3. 《国民经济和社会发展统计公报》（2006 - 2015 年各年份），

数据来源链接 http：//www. tjcn. org/tjgb/。

4. 专业数据库，主要是从国泰安数据库和万德数据库中查找。

在收集数据与整理过程中，四种数据来源相互支撑，以确保数据的科学性和真实性。

二、基于产业结构影响因素的转型预测

受获取数据的限制，本书用于建模和分析的数据主要是 2006—2015 年安徽省淮南市城市转型发展效果展开预测研究。利用 ARMA（p，q）模型对淮南市城市转型发展预测，首先对获取数据进行标准化检验不同发展要素时间序列数据的平稳定，然后通过二阶差分方法对数据进行平稳化，接着根据信息准则对模型进行识别与定阶，然后检验模型的有效性，并对城市转型发展的进行预测研究。为了消除不同评价指标之间的量纲影响，本书再进行城市发展预测之前对所有相关数据进行标准化处理。

（一）基于产业结构影响因素的转型预测

如同信息熵评价的初始数据，资源型城市产业结构影响因素标准化的原始数据如表 5 - 2 所示：

表 5 - 2　产业结构影响因素标准化数据

	2006	2007	2008	2009	2010	2011	2012	2013	2014	2015
X_1	- 1.5899	- 1.4315	- 0.7186	- 0.4082	0.4688	0.9772	1.0168	1.0904	0.5852	0.0097
X_2	- 1.3322	- 1.0309	- 0.7922	- 0.6341	- 0.3343	0.0312	0.4473	0.8143	1.1409	1.6898
X_3	- 0.9001	- 0.7091	0.4713	0.6427	0.9899	1.1201	0.9226	0.1198	- 0.8697	- 1.7876

1. 序列平稳性检验与差分处理

根据 ARMA 模型的运行规则，接下来首先通过 ADF 检验来判断序列平稳或非平稳，若是非平稳可以通过差分运算转化为平稳时间序列。因此，首先通过计算 ADF 以及 PP 值来确定转型因素是否为平稳的时间序列，如果序列表现为非平稳的时间序列，则通过差分计算使其变为平稳序列，使其残差变成白噪过程。根据不同变量序列因子的基本数据，本书平稳性检验如表 5 - 3 所示：

表5－3　产业结构影响因素标准化数据平稳性检验

变量名称	序列	检验方法	T统计值	不同置信区间临界值		
				1%	5%	10%
X_1	原始序列	ADF	－1.9231	－3.6529	－2.9571	－2.6173
		PP	－1.7804	－3.6529	－2.9571	－2.6173
	二阶差分序列	ADF	－5.6875	－2.6432	－1.9524	－1.6103
		PP	－7.0371	－2.5417	－1.9521	－1.6103
X_2	原始序列	ADF	－1.8222	－3.8474	－3.0213	－2.8346
		PP	－1.7643	－3.8474	－3.0213	－2.8346
	一阶差分序列	ADF	－5.7844	－2.6432	－1.8248	－1.5724
		PP	－7.3146	－2.5417	－1.8248	－1.5724
X_3	原始序列	ADF	－3.2291	－3.7261	－3.0143	－2.9136
		PP	－2.7918	－3.7261	－3.0143	－2.9136
	二阶差分序列	ADF	－6.2023	－2.6751	－1.8586	－1.5542
		PP	－7.1162	－2.4542	－1.8586	－1.5542

2. 模型识别与定阶

通过上述平稳性处理，将产业结构影响因素时间序列变为平稳性时间序列。接下来，根据自相关、偏自相关的分析，初步判断 $p=1,2$ 和 $q=1,2$ 比较合理，因此最终构建 ARMA（1，1），ARMA（1，2），ARMA（2，1），ARMA（2，2）四个基本预测模型，各模型对的估计与预测参数如表5－4所示：

表5－4　产业结构模型精度指标对比

评价指标	ARMA（1，1）	ARMA（1，2）	ARMA（2，1）	ARMA（2，2）
Adjusted R^2	0.6225	0.5496	0.6137	0.6073
AIC	4.9024	4.8633	4.7125	4.8217
SC	4.9823	4.9015	4.8186	4.9733
MAPE	3.0563	3.0183	3.1472	3.0721

根据表5－4分析结果显示，ARMA（2，1）的 SC 和 AIC 值比其他三个模型对应的 SC 值与 AIC 值要小；Adjusted R^2（调整后决定系数）小于 AR-

MA（1，1），优于其他模型；MAPE（相对百分误差绝对值的平均值）高于其他模型，因此，本书关于产业结构影响因素的时间序列模型选择 ARMA（2，1）。

3. 模型预测

资源型城市产业结构影响因素预测就是根据资源型城市产业结构时间序列的历史数据，运用上述构建 ARMA（2，1）对未来一段时间的数据进行推测。由于时间序列建模方法在众多领域应用，只要是由于该模型在短期预测方面预测方面效果显著。如果预测的时间越远，而可能导致预测数值的方差就越大，因此，预测结果的精度可能会受到影响，预测结果与研究对象实际值的偏差就可能越大。因此，本文根据 ARMA（2，1）模型，在现有数据的基础上分别预测 1 年，3 年，5 年后淮南市产业结构测量指标的发展水平，具体结果如表 5 - 5 所示。

表 5 - 5 产业结构影响因素预测结果

影响因素	1 年	3 年	5 年
城市规模以上工业生产增加值	0.2142	0.2715	0.3126
第三产业增加值占 GDP 比重	0.3247	0.3453	0.3863
第二产业生产总值占地区生产总值比重	0.2783	0.2912	0.2984

（二）基于经济发展水平影响因素的转型预测

基于经济发展水平影响因素的转型预测方法与步骤同产业结构发展水平预测研究。首先通过对上述数据的平稳性处理，将经济发展水平影响因素时间序列变为平稳性时间序列。其次，根据自相关、偏自相关的分析，初步判断 $p = 2,3$ 和 $q = 1,2$ 比较合理，因此最终构建 ARMA（2，1），ARMA（2，2），ARMA（3，1），ARMA（3，2）四个基本预测模型，各模型对的估计与预测参数如表 5 - 6 所示。

表 5 - 6 经济发展水平模型精度指标对比

评价指标	ARMA (2, 1)	ARMA (2, 2)	ARMA (3, 1)	ARMA (3, 2)
Adjusted R^2	0.3825	0.4116	0.3272	0.4093
AIC	4.7189	4.6230	4.7286	4.8711
SC	4.8203	4.8132	4.9024	4.9837
MAPE	3.2647	3.2194	3.2042	3.1421

根据上表分析结果显示，ARMA（2，2）的 SC 和 AIC 值比其他三个模型对应的 SC 值与 AIC 值要小；Adjusted R^2（调整后决定系数）优于其他模型；MAPE（相对百分误差绝对值的平均值）低于 ARMA（2，1）但是高于其他模型，因此，本文关于产业结构影响因素的时间序列模型选择 ARMA（2，2）。

资源型城市经济发展水平影响因素预测就是根据资源型城市经济发展水平时间序列的历史数据，运用上述构建 ARMA（2，2）对未来一段时间的数据进行推测。由于时间序列建模方法在众多领域应用，只要是由于该模型在短期预测方面预测方面效果显著。如果预测的时间越远，就可能导致预测数值的方差就越大，因此，预测结果的精度可能会受到影响，预测结果与研究对象实际值的偏差就可能越大。因此，本书根据 ARMA（2，1）模型，在现有数据的基础上分别预测 1 年、3 年、5 年后淮南市经济发展测量指标的发展水平，具体结果如表 5 - 7 所示。

表 5 - 7 经济发展水平影响因素预测结果

影响因素	1 年	3 年	5 年
人均 GDP	0.3673	0.4125	0.4436
经济增长率	0.3654	0.3223	0.3714
居民恩格尔系数	0.4765	0.4803	0.4812
实际利用外资金额	0.2891	0.3278	0.3859
社会固定资产投资总额	0.3741	0.3812	0.3965
财政收入占生产总值比	0.2714	0.3663	0.4227

（三）基于资源利用与保护水平影响因素的转型预测

基于资源利用与保护水平影响因素的转型预测方法与步骤同产业结构和经济发展水平预测研究。首先通过对上述数据的平稳性处理，将资源利用与保护水平影响因素时间序列变为平稳性时间序列。其次，根据自相关、偏自相关的分析，初步判断 $p = 1,2$ 和 $q = 1,2$ 比较合理，因此最终构建 ARMA（1，1），ARMA（1，2），ARMA（2，1），ARMA（2，2）四个基本预测模型，各模型对的估计与预测参数如表 5 - 8 所示。

表 5 - 8　资源利用与保护水平模型精度指标对比

评价指标	ARMA（1，1）	ARMA（1，2）	ARMA（2，1）	ARMA（2，2）
Adjusted R^2	0.3825	0.4116	0.3272	0.4093
AIC	4.5523	4.5827	4.6126	4.6156
SC	4.6037	4.7382	4.7129	4.6953
MAPE	3.2841	3.3008	3.1795	3.1947

根据上表分析结果显示，ARMA（1，1）的 SC 和 AIC 值比其他三个模型对应的 SC 值与 AIC 值要小，Adjusted R^2（调整后决定系数）优于其他模型，虽然 MAPE（相对百分误差绝对值的平均值）小于 ARMA（1，2）但是高于其他模型。因此，本书关于产业结构影响因素的时间序列模型选择 ARMA（1，1）。

资源型城市资源利用与保护水平影响因素预测就是根据资源型城市经济发展水平时间序列的历史数据，运用上述构建 ARMA（1，1）对未来一段时间的数据进行推测。由于时间序列建模方法在众多领域应用，只要是由于该模型在短期预测方面预测方面效果显著。如果预测的时间越远，而可能导致预测数值的方差就越大，因此，预测结果的精度可能会受到影响，预测结果与研究对象实际值的偏差就可能越大。因此，本书根据 ARMA（1，1）模型，在现有数据的基础上分别预测 1 年、3 年、5 年后淮南市资源利用与保护测量指标的发展水平，具体结果如表5-9所示。

表5-9 资源利用与保护水平影响因素预测结果

影响因素	1年	3年	5年
城市淡水储藏总量	0.2542	0.2417	0.2263
城市森林蓄积总量	0.3163	0.2984	0.2653
城市主要工业能源量	0.4654	0.4317	0.4031
城市年发电总量	0.5413	0.5217	0.5198

（四）基于居民收入水平影响因素的转型预

基于居民收入水平影响因素的转型预测方法与步骤同产业结构、经济发展水平预测研究。首先通过对上述数据的平稳性处理，将居民收入水平影响因素时间序列变为平稳性时间序列。其次，根据自相关、偏自相关的分析，初步判断 $q = 1,2$ 和 $p = 1,2$ 较合理，因此最终构建 ARMA（1，1），ARMA（1，2），ARMA（2，1），ARMA（2，2）四个基本预测模型，各模型对的估计与预测参数如表5-10所示。

表5-10 居民收入水平模型精度指标对比

评价指标	ARMA（1，1）	ARMA（1，2）	ARMA（2，1）	ARMA（2，2）
Adjusted R^2	0.5257	0.4768	0.5273	0.4904
AIC	4.4638	4.5171	4.6008	4.6203
SC	4.7157	4.8024	4.8109	4.7904
MAPE	3.332	3.3014	3.2992	3.3041

根据上表分析结果显示，ARMA（1，1）的 SC 和 AIC 值比其他三个模型对应的 SC 值与 AIC 值要小，Adjusted R^2（调整后决定系数）虽然小于 ARMA（2，1）但优于其他模型，MAPE（相对百分误差绝对值的平均值）高于其他模型。因此，本书关于产业结构影响因素的时间序列模型选择 ARMA（1，1）。

资源型城市居民收入影响因素预测就是根据资源型城市居民收入水平时

间序列的历史数据，运用上述构建 ARMA（1，1）对未来一段时间的数据进行推测。由于时间序列建模方法在众多领域应用，只要是由于该模型在短期预测方面预测方面效果显著。如果预测的时间越远，就可能导致预测数值的方差就越大，因此，如果预测结果的精度受到影响，预测结果与研究对象实际值的偏差就可能越大。因此，本书根据 ARMA（1，1）模型，在现有数据的基础上分别预测 1 年、3 年、5 年后淮南市居民收入水平测量指标的发展水平，具体结果如表 5 - 11 所示。

表 5 - 11　居民收入水平影响因素预测结果

影响因素	1 年	3 年	5 年
平均工资	0.3791	0.4214	0.4873
人均可支配收入	0.3571	0.4177	0.4421
人均消费性支出	0.3216	0.3562	0.3864
居民人均住房面积	0.2917	0.2994	0.3118

（五）基于社会保障水平影响因素的转型预测

基于社会保障水平影响因素的转型预测方法与步骤同产业结构、居民收入水平预测研究。首先通过对上述数据的平稳性处理，将社会保障水平水平影响因素时间序列变为平稳性时间序列。接下来，根据自相关、偏自相关的分析，初步判断 $p = 2,3$ 和 $q = 1,2$ 比较合理，因此最终构建 ARMA（2，1），ARMA（2，2），ARMA（3，1），ARMA（3，2）四个基本预测模型，各模型对的估计与预测参数如表 5 - 12 所示。

表 5 - 12　社会保障水平模型精度指标对比

评价指标	ARMA（2，1）	ARMA（2，2）	ARMA（3，1）	ARMA（3，2）
Adjusted R^2	0.4986	0.4875	0.4832	0.4787
AIC	4.4589	4.7003	4.6231	4.7338
SC	4.5173	4.7422	4.6309	4.8305
MAPE	3.3871	3.3295	3.2289	3.3127

根据上表分析结果显示，ARMA（2，1）的 SC 和 AIC 值比其他三个模型对应的 SC 值与 AIC 值要小，Adjusted R^2（调整后决定系数）优于其他模型，MAPE（相对百分误差绝对值的平均值）高于其他模型。因此，本书关于社会保障水平影响因素的时间序列模型选择 ARMA（2，1）。

社会保障水平影响因素预测就是根据资源型城市社会保障水平时间序列的历史数据，运用上述构建 ARMA（2，1）对未来一段时间的数据进行推测。由于时间序列建模方法在众多领域应用，只要是由于该模型在短期预测方面预测方面效果显著。如果预测的时间越远，而可能导致预测数值的方差就越大，因此，预测结果的精度可能会受到影响，预测结果与研究对象实际值的偏差就可能越大。因此，本书根据 ARMA（2，1）模型，在现有数据的基础上分别预测 1 年、3 年、5 年后淮南市社会保障测量指标的发展水平，具体结果如表 5 - 13 所示。

表 5 - 13　社会保障水平影响因素预测结果

影响因素	1 年	3 年	5 年
城镇登记失业率	0.0412	0.0427	0.0429
参加城镇基本养老保险	0.3694	0.3873	0.4014
参加城镇基本医疗保险	0.3712	0.3884	0.4127

（六）基于生态环境保护影响因素的转型预测

基于生态环境保护水平影响因素的转型预测方法与步骤同产业结构、居民收入水平预测研究。首先通过对上述数据的平稳性处理，将生态环境保护水平影响因素时间序列变为平稳性时间序列。接下来，根据自相关、偏自相关的分析，初步判断 $p = 1,2$ 和 $q = 1,2$ 比较合理，因此最终构建 ARMA（1，1），ARMA（1，2），ARMA（2，1），ARMA（2，2）四个基本预测模型，各模型对的估计与预测参数如表 5 - 14 所示。

表5 - 14 生态环境保护水平模型精度指标对比

评价指标	ARMA (1, 1)	ARMA (1, 2)	ARMA (2, 1)	ARMA (2, 2)
Adjusted R^2	0.4864	0.4795	0.4853	0.4917
AIC	4.6812	4.6312	4.6913	4.6308
SC	4.8306	4.6225	4.7139	4.7101
MAPE	3.3108	3.2975	3.3091	3.3721

根据上表分析结果显示，ARMA（2, 2）的 SC 和 AIC 值比其他三个模型对应的 SC 值与 AIC 值要小，Adjusted R^2（调整后决定系数）优于其他模型，MAPE（相对百分误差绝对值的平均值）高于其他模型。因此，本书关于生态环境保护水平影响因素的时间序列模型选择 ARMA（2, 2）。

生态环境保护水平影响因素预测就是根据资源型城市生态环境保护水平时间序列的历史数据，运用上述构建 ARMA（2, 2）对未来一段时间的数据进行推测。由于时间序列建模方法在众多领域应用，只要是由于该模型在短期预测方面预测方面效果显著。如果预测的时间越远，就可能导致预测数值的方差就越大，因此，预测结果的精度可能会受到影响，预测结果与研究对象实际值的偏差就可能越大。因此，本书根据 ARMA（2, 2）模型，在现有数据的基础上分别预测 1 年、3 年、5 年后淮南市生态环境保护测量指标的发展水平，具体结果如表 5 - 15 所示。

表5 - 15 生态环境保护水平影响因素预测结果

影响因素	1 年	3 年	5 年
建成区绿化覆盖率	0.3857	0.4139	0.4647
城市生活污水处理率	0.2894	0.3279	0.3654
工业固体排放处理率	0.2714	0.3348	0.3879

三、基于转型影响因素的转型整体预测

通过上面关于集成学习模型的介绍，通常由于所分析问题的复杂以及相

关数据分布特征各异，一种学习算法很难完全描述某种经济现象或者问题，而集成学习的就是就是通过组合多个学习算法得到一个结果稳定而且效果较好的学习算法，从而能够有效提升整体分析结果的表现。因此，本书将使用集成学习的的相关思想和算法运用于资源型城市转型发展效果的综合评价，综合运用信息熵、支持向量回归、神经网络三种评价或机器学习算法，构建基于集成学习的资源型城市转型效果评价综合模型，从而有效解决单一评价方法的缺陷。

根据上面分析，本书中主要对上述三个单一模型的评价结果进行集成。本文采用简单平均方法对上述不同结果进行分块求和，最终计算公式如下：

$$y = \frac{1}{n} \sum_{i}^{n} y_i \qquad (i = 1,2,3,\cdots,N) \tag{14}$$

因此，本书首先分别求解上述三个单一模型关于淮南市城市转型效果的单一预测评价结果，然后利用集成学习的思想，对资源型城市产业发展效果展开综合评价预测，所有计算均通过 R 分析软件实现，最终计算结果如表5－16所示。

表5－16　淮南市城市转型效果最终得分

评价模型	1 年	3 年	5 年
EI	0.7536	0.7914	0.8104
SVR	0.7601	0.7841	0.8091
BP－NN	0.7704	0.7813	0.7972
EM	0.7614	0.7856	0.8056

第四节　研究结论

从上述淮南市城市转型预测整体效果分析，可以得出以下基本结论：尽管当前淮南市整体转型水平较低，但是淮南市未来整体转型效果有所改善。

由于淮南经济结构单一，经济体系不完整，难以形成良好的产业集聚效应，往往导致资本外流。但是近年来，随着之前产业转型过程中相关措施较为合理，利于坐落于淮南高新技术开发区的 IDC 中国移动数据中心，其通过立足安徽服务华东的产业布局，使得淮南市在大数据产业发展中具有较大数据基础优势。因此通过对相关产业的引进以及与此相关的人员进行引进，在城市基础设施建设方面进行加强，进一步完善城乡规划等相关措施促进城市转型和城市整体经济发展实力的提升。因此，上述转型效果预测分析来看，淮南市未来城市转型总体效果均处于 0.7 以上，相比较而言，城市未来发展势头较好，预期整体转型效果较好。

第六章　淮南市资源型城市转型对策建议

根据比较优势理论，尽管不同城市之间存在的能源资源、技术等相关生产要素之间的比较，相对优势的资源要素城市具有一定优势地位，但是在市场竞争中，优势资源未必拥有竞争优势，而竞争优势恰恰是地区或者城市竞争之间的关键。竞争优势通常是指在企业或者经济组织向顾客或者目标消费群体提供某种特殊产品或者服务时，相对其他同行业竞争者来说能够创造独特的价值属性，这种价值属性来自企业或者组织对资源的生活与加工或者该种资源固有的属性。因此，对资源型城市来说，具有竞争优势的往往比具有相对优势对城市发展更重要。近年来，由于市场经济的进一步发展，经济全球化与一体化进程的持续推进，加上科学技术、信息技术的的飞速发展，物质生产要素对人力资本的替代，新科技新材料对资源的替代以及人力资本对普通劳动资源的替代在我国范围内盛行，从而导致发展我国城市竞争中通过自然资源的富有而形成的比较优势基本消失，不再具有垄断性。

因此，对资源型城市而言，要想摆脱资源的诅咒或者说资源带来的经济增长负面作用，就要进行一定的产业结构的调整，必须从以往的比较优势转化为经济发展的竞争优势。基于此，本书主要基于资源型城市竞争优势理论，结合上面关于淮南市城市转型效果评价研究结论、淮南市城市转型机理与路径分析结论以及淮南市城市转型效果预测的相关研究结论，根据淮南市城市基本特征和城市转型基本现状，分别从优化产业结构水平、提升经济发展实力、提高资源利用与保护水平以及加强生态环境保护四个维度对淮南市城市转型发展提供相关建议。

第一节　优化产业结构水平

根据上述分析，产业结构（ε_1）对资源型城市转型效果（η_1）有显著影响成立，根据淮南市产业结构发展预测其产业结构水平在未来 5 年内有逐步提升的良好势头。因此，资源型城市转型发展的基本方式之一就是优化产业结构，产业结构的发展水平与结构特征将影响资源型城市转型总体发展效果。根据资源型城市产业结构的可持续发展的目标，资源型城市所选择的产业发展方式必须满足资源型城市的可持续发展目标，能够有效实现资源型城市当前发展目标与未来长久发展的统一与协调，既能保证资源型城市当前经济的发展水平，又有利于未来几年或几十年经济的持续增长。对淮南市产业结构而言，第二、第三产业所占经济总量的比重越高，城市的产业发展水平越好，即城市转型效果就越好。基于此，本书根据淮南市城市基本特征和产业机构现状，认为淮南市具有一定第三产业发展基础与发展潜力，部分行业、企业在第三产业发展中表现突出，因此，应该在原有基础上进一步发展本城市第三产业发展水平，挖掘第三产业发展潜力。应该进一步扩大落户于淮南山南高新技术开发的中国移动安徽分公司 IDC 数据运行中心的辐射作用，形成良好的产业集聚效应，进一步增强智慧谷研究创新平台的研究创新能力以及科研转化能力，提升产业结构产业发展的新格局。

一、发展旅游经济

由于我国国民经济的快速发展，旅游活动成为现代居民生活的有一重要方式，旅游业以及由此带来的相关产业经济发展已经成为促进经济社会发展的重要方式，旅游经济和旅游产业成为经济发展的"朝阳产业"，大众旅游时代已经全面到来。根据我国相关组织研究预测，我国旅游产业将进一步发展，成为世界第一旅游目的地，并且我国国民旅游行为持续增强，我国成为世界第四大游客的输出国，居民旅游消费支出的增长速度将在8%水平以上。因此大力发展旅游经济成为各地区的经济发展主要发展方向。

对淮南市旅游资源而言，淮南市具有丰富的旅游资源，历史文化悠久，部分区域生态环境优美，城市发展过程中形成了独特的城市景观与风貌。具体来说，按照淮南市官方资料显示，淮南市主要存在十六个主要景点，其中包括当前旅游业发展相对较早的八公仙境、寿县寻古两个景区，富有资源型城市特色的矿姿百态景区，依托淮南的独特资源而发展形成的淮上风光、涧湖淮秀的两个景区，依托寿县古城而发展形成的寿州古窑，依托上窑风景区而形成的窑山叠翠景观，依托打通湿地公园而形成的大通湿地景观，依托历史文化而形成的春申寻梦景观，依托山南高新区建设而形成两琴相悦、央湖溢彩两个景观，依托美丽的舜耕山而形成的舜耕凭栏景观，以及民族风情、龙湖泛舟、繁华初上、民国风情4个独特的景观。因此，淮南市城市转型的主要措施就是因地制宜的发展旅游产业，构建淮南市旅游休闲相关配套设计，开展农家乐等特色旅游经济活动，从而促进地区经济的有效转型。

二、深耕第三产业经济

近年来，由于我国经济发展水平的持续提升，人力资本等生产要素成本逐年提高，因此各地区都在着力发展第三产业经济。作为新的经济增长点，提供了区域经济新的经济发展空间，对加快地区的经济发展速度与提高经济发展水平，缓解地区的就业压力，受到各地区或城市的大力培育。由于地三产业不像第二产业或者第一产业那样高度依赖地区的资源能源等因素，主要通过利用外面发展要素来促进经济的发展，或者直接运用商业模式、经济发展模式以及服务模式的创新来促进经济的快速发展。因此，当前各地区经济发展水平及其竞争力主要来自第三产业及其发展水平，第三产业发展水平与潜力成为地区经济发展水平的主要影响因素。

对淮南市第三产业发展而言，淮南市具有一定第三产业发展基础与发展潜力，部分行业、企业在第三产业发展中表现突出，因此，应该在原有基础上进一步发展本城市第三产业发展水平，挖掘第三产业发展潜力。具体来说，近年来淮南市相关职能部门在第三产业的培训与发展方面做出较大的工作，应该在现有工作成绩基础上，通常相关的政策扶植、宏观调控、招商引资等措施促进第三产业的进一步发展。因此，应进一步扩大落户于淮南山南高新技术开发的中国移动安徽分公司 IDC 数据运行中心的辐射作用，加强江淮云创业产业园的政策扶持以及相关科技型公司的培育与引进，深化电商物流产业基地的基础建设，形成良好的物流产业集聚效应，进一步增强智慧谷研究创新平台的研究创新能力以及科研转化能力，从而有效形成新的产业经济结构体系，进一步提升产业结构水平，实现多元化产业发展的新格局。

三、打造大数据产业经济新格局

随着互联网以及信息技术的快速发展，大数据作为一种新的时代资源正在深刻地影响着我国国民经济与地区经济的发展。由于在激烈的市场竞争环境中，企业之间的商业情报分析变的尤为重要，因此谁能有效、快速获取由于分析竞争者或者竞争行业的商业情报将直接影响着企业的生存与发展。对城市产业经济而言也是一样，如果通过城市经济形成的庞大数据展开分析以及与此相关关联的数据展开知识的挖掘与融合就显得尤为重要。因此，大数据的获取、评估、分析与应用在新的时代背景下显得尤为重要，通过发展大数据相关产业，从而迅速占领新的经济产业也成为当前各地区主要经济发展方式之一。谁能有效迅速的占领大数据发展的制高点谁在将来发展中就能有

139

效的占领经济发展新的制高点。

对淮南市大数据产业发展而言，淮南曾经因煤炭经济的发展兴衰起伏，产业的经济主要依赖煤炭行业的发展以及与此相关的化工或者发电。但是，近年来淮南市在大数据产业发展中相对其他地方城市而言处于相对优势地位，起步较周边其他地方城市而言较早，尤其坐落于淮南高新技术开发区的 IDC 中国移动数据中心，其通过立足安徽服务华东的产业布局，使得淮南市在大数据产业发展中具有较大数据基础优势。因此当地政府应该积极引进新的大数据相关企业，或者一些大型公司的大数据运行与分析子公司或者部门，与此同时培育本地区自己的大数据运行公司，具体来说包括引进 BAT 企业的相关大数据运营企业和部门，引进互联网分包公司如快网等相关的大数据分析公司，引进徽商银行等金融产业的相关大数据分析部门或者子公司以及培育自己的大数据运行与分析公司，如本地区的淮河银行的大数据分析与运行部分，从而形成良好的大数据产业发展环境，促进淮南市经济新的增长。

第二节　提升经济发展实力

根据上述分析，经济发展水平（ε_2）对资源型城市转型效果（η_1）有显著影响成立，并且淮南城市发展预测效果表明其经济实力水平在未来 5 年内具有持续增长的发展潜力。资源型城市转型发展的的基本目标之一就是要提升经济发展实力，因此淮南城市的经济发展水平及发展状态是影响淮南市城市转型效果的主要因素之一。为了实现资淮南市产业经济发展的稳定增长的目标，资源型城市所选择的产业发展方式必须满足资源型城市的城市整体经济的有效合理增长，必须多多个视角提升城市经济发展总体实力，实现资源型城市当前发展目标与未来长久发展的协调，既能保证淮南市当前经济的发展水平，又有利于未来几年或几十年经济的持续增长和产业的不断升级与调整。因此，接下来分别从人力资源与科技创新、供给侧结构性改革以及城市品牌建设三个视角提出相关策略建议，既着眼于培育新的经济增长点，又力求有效促进经济增长和提高居民基本生活。

一、继续推进供给侧结构性改革

供给侧结构性改革是通过运用经济增量改革从而促进经济存量的调整，通过在经济建设与经济投资的初期采用结构优化的经济发展思维，通过新的经济投在来优化城市产业结构，使得社会生产要素实现合理配置，提升经济增长质量以及经济增长的有效数量。从供给侧结构性改的需求侧来说，我国当前提倡从投资、消费和出口三个维度来实现经济的优质增长，从供给侧视角来说，我国当前倡导从劳动力、资本创新、管理等社会生产要素的视角提倡促进经济的持续有效增长，因此供给侧的结构性调整就是指通过从供给侧视角出发，即通过优化劳动力、资本、创新、管理等要素，运用改革发展的方式来推进经济发展的结构性变革，实现生产资源、要素的有效配置，扩大生产要的有效供给，提高整体经济发展的适应性，从而更加有效的实现经济结构合理优化，促进经济水平的健康有效发展。

近年来，淮南市 GDP 由 2013 的 819.4 亿元到 2014 的 789.3 亿元，本地区经济生产总值实现了下滑，到 2015 年地区 GDP 为 770 亿元，在此出现下滑，2016 年地区的经济生产总值为 963.8 亿元，从而实现经济的上涨，这些在经济发展中出现波动属于正常的经济状态，如果利用好经济供给侧结构性改革实现地区整体经济的发展。对淮南市供给侧结构性改革具体而言，如何通过供给侧结构性改革的思路来指导淮南市经济发展与产业发展是当前提升城市经济发展实力的关键要素。因此，本书建议首先通过供给侧结构性改革入手，即从去产能视角出发，关闭当地产能不足的小煤矿，通过相应的宏观经济政策刺激能源的过剩产出；然后对当地放低产库存来说，应该通过相应的经济政策来去除边远地区的房屋库存，加强对土地买卖和房地产市场的监督；对现代经济中活跃的经济要素而言，金融业在淮南的发展应该进一激发活力，在保证金融稳定的基础上采取必要的经济措施来激发经济、金融发展活力；激发实体企业发展活力，通过必要的行政措施扶植、鼓励当地实体企业发展，为实体经济的发展降低相应的运营成本，减少实体企业的运营压力。同时鼓励城市提升创新能力，激发企业、个体、社会组织的创新创业热情。

二、加大人力资本和科技创新投入力度

当前，科学作为第一生产力已经成为社会的共识，科学技术的进步与发展是经济增长与经济发展方式的先导，只有新的技术诞生并且投入社会经济活动建设中，才能出现新的生产生活方式。例如，只有机械化、信息化的技术实现才能出现当前集约化的现代生产方式。另外，科学创新与人力资本的提升也是经济发展的与经济转型的主要动力源泉，由于科学技术的发展可有效促进经济发展与经济转型，促进经济结构与产业结构朝着合理化方向发展，促进经济产出朝向高能产出方向发展，因此科学技术与人力资本的投入将有效促进经济朝着专业化、科技化和自动化方式转变，从而有效提升生产要素的产出水平与产出能力。

因此，对淮南市具体经济发展而言，现阶段促进地区经济发展的又一主要手段就是科技能力与人力资本水平的提升，推动地区科技能力与人力资本提升的根本动力在于促进地区经济的人力资本水平的提升，而本质是地区教育与地区人才引进的措施。近年来，各地区相关职能将通过大力引进人才战略从而快速弥补与填充本地区比较稀缺的人才，因此主动找到合适的人才是推动本地区经济发展的关键要素。例如，淮南市自 2013 年提出的"万人计划"，通过引进 1 万名大学生来促进科技进步与地区经济发展。当前随着经济

发展水平对生产要素与科技人员要求越来越高，仅仅引进普通大学生对淮南市经济发展而言难以形成有效促进作用，应该采取进一步的措施，对高层次人才出台相关的引进措施，多渠道、多层次的汇集各类人才，从而促进本地区经济的持续发展，推动高新技术产业和第三产业的持续增长能力。

三、进一步打造山南新城品牌

一座城市是否具有吸引力，是否能够形成良好的集聚效应成为城市是否具有发展潜力的一个重要因素。从 20 世纪 80 年代我国改革开放水平不断提升以来，不同城市之间的发展存在着明显的竞争关系，城市之前的规模竞争变成城市综合实力的竞争，再到 20 世纪末，城市之间的竞争往往演变成城市个性化魅力的有效竞争，因此城市品牌对城市产业经济的发展具有显著的作用。通常，城市品牌建设与品牌定位比较明确的地区，其城市化水平与经济发展水平相对较高，城市品牌建设相关落后的地区，其经济结构、经济实力相对处于发展的弱势地位。例如，沿海地区由于较早接受和运用市场经济的原理对城市的品牌进行定位与塑造，所有很多地方形成了专业性很强的工业体系或者第三产业体系，这一切经济的发展实力与竞争实力都与城市品牌建设存在密切关系。

对淮南市城市品牌建设而言，一直以煤炭城市而著称。淮南市山南新区的建设与发展有着独特的发展历程，期间发展措施与品牌建设有待进一步加强。山南新城建设是为了提升淮南市整体经济实力，提供更好的公共发展水平，实现淮南市的产业深度融合，推进淮南市工业化、城镇化、现代化和信息化建设发展的重要举措，因此淮南市应该进一步加强山南新区的品牌建设，打造良好的产业集聚与人才集聚效应。以"长江经济带"与"合肥经济圈"为基本立足点，加快相应产业转型与产业的升级，树立良好的城市品牌效应。通过相应的政策措施来引领山南新区相关产业的发展，树立良好的高新技术产业园形象。

第三节　提高社会服务与社会保障水平

根据上述分析，社会保障水平（ε_5）对资源型城市转型效果（η_1）有显著影响成立，并且根据淮南市未来 5 年内社会服务水平预测表明城市未来发展过程中社会服务于保障水平将逐步提升。由于资源型城市转型发展的的基本目标包含提高资源型城市的居民基本保障水平，实现优质的社会服务与社会保障。因此资源型城市的社会服务与社会保障水平将影响资源型城市转型效果。为了实现资源型城市可持续、科学稳定的发展目标，资源型城市必须充分利用本地区的资源的基础上合理的保护资源，提供优质的社会服务与社会保障措施，从而满足资源型城市的经济的有效合理增长，使资源型城市得自然资源既满足当前发展目标，又能够为未来长久发展提供有力的动力与基础。因此，本书接下来从服务型城市建设、提高社会保障水平以及优化城市空间三个视角对淮南市城市发展提出如下建议。

一、服务型城市建设

近年来，淮南市城镇登记失业人口比率一直高于 4%，高于安徽省平均水平，加上淮南市经济产业之前大多以煤炭开采与初加工为主，大多数从业人员人员文化基础薄弱，学习与自学习能力较差，转变工作角色和掌握新的就业技能比较困难，使得其重新获得新的就业机会相对比较困难。另外，社会医疗保障水平与社会保障措施不完善，相关配套措施不合理。因此，一方面淮南市社会基本保障建设比较落后，另一方面包括居民失业问题在内的社会基本问题凸出，因此，当前淮南市应该努力打造新兴服务型城市建设来缓解或者结果城市发展基本问题。根据国家相关职能部门部署的"互联网＋"战略，促进淮南市第三产业经济的快速发展，有计划、有步骤地开层相关产业的招商引资、招才引智工作，创新发展方式与发展模式，构建新型互联网平台建设，从而形成良好的现代服务业产业集聚效应，实现淮南市由工业型城市转向为现代服务业城市建设。

二、提高社会保障水平

国内外经济社会的发展结果反复说明社会保障水平对城市经济发展有着显著作用。社会保障水平与措施对城市的发展而言起到了"安全阀"的作用，不仅影响城市经济的稳定发展，而且对整个社会的稳定发展都具有显著作用。近年来国内不少学者关于社会保障与经济发展的关系研究，提出了社会保障水平与经济发展间的"适度平衡"，合理的社会保障措施将有利于城市经济发展，过高或者过低的社会保障水平将不利于经济的整体发展，对经济的整体发展将起到不良的影响。因此，一方面淮南市要加强社会基本保障建设，比如对廉租房建设与管理的加强，居民失业保险体系的构建等；另一方面，淮南市要加强构建社会保障措施的机制，因为过高的社会保障水平将影响着城市整体经济发展。

三、优化城市空间

城市空间布局对城市的发展具有显著影响。当城市规模较小的时候，单一的城市中心或者商业中心对城市建设发展有着较高的促进作用。随着城市规模的扩大，城市人口集聚作用将明显增强，原有的城市空间格局与城市配套设施建设之间出现难以匹配的现状，交通拥堵、环境破坏等相关问题出现。因此淮南市相关经济发展水平的提升和城市人口的增长，以及现代居民对于城市建设的新需求，淮南市应该进一步优化城市布局，加强新的城市基础设施建设。对淮南市东部老城区来说，建议加强老城区改造建设和居民保障房建设，缓解城市发展中社会矛盾和提升居民生活基本水平；对西部城区建设而言，应该建立西部城区的新的行政中心、经济中心建设，从而缓解东部城区建设的拥堵压力；对背部城区建设而言，应该进一步延伸相关工业产业链，实现北城区经济的进一步优化、转型与发展；对南部城区而言，重点塑造山南新城的品牌形象，实现淮南市的新兴产业深度融合，实现城市工业化、城镇化、现代化和信息化建设与发展，打造良好的产业集聚与人才集聚效应，真正树立"品质新城""活力新城""幸福新城"和"生态新城"良好形象。

第四节　加强生态环境保护

根据上述分析，生态环境保护（ε_6）对资源型城市转型效果（η_1）有显著影响，环境治理与生态保护是资源型城市型城市转型发展的的基本目标之一，资源型城市通过运用一定的方式对环境变化进行控制。为了实现资源型城市生态环境的优化，在面对资源约束紧急、环境污染严重、生态退化严重等形式提出建设美丽中国战略，因地制宜的发展绿色经济、循环经济、低碳经济，实现资源型城市经济发展的持续性，资源型城市所选择的产业发展方式必须在尊重生态环境保护的前提下实现资源型城市的整体经济的有效合理增长。因此，本书从加强资源管理、落实环境保护责任两个方面来提升资源型城市生态环境保护水平。

一、加强资源管理

为有效实行煤碳资源的有效整合与管理，进一步统一思想意识，深入剖析淮南市在生产过程中出现的产能过剩问题。通过实地调研等方法掌握生产一线的具体情况，在充分尊重经济发展规律的基础上，对不同类型企业的产能过剩的具体问题、具体策略，综合运用多种措施进行标本兼治。本书建议通过从去产能视角出发，关闭当地产能不足的小煤矿，如2016年先后关闭的李嘴孜煤矿、谢家集第一煤矿，通过相应的宏观经济政策刺激能源的过剩产出。然后，有效实现煤炭资源以及相应的其他相关产业经济的有效整合，避免地区产业资源的浪费。同时，运用现代化的管理理论与方法，根据当前相关的法律法规，在保证经济合理性增长的前提下构建公平公正的管理体制，落实安全管理与经济发展中相关问题的主体责任，运用现代化的信息技术与监督措施，推动国有企业以及相关企业的经济的合理化运转，有效避免在经济转型过程中国有资产的流失，强化社会大众的监督意识与参与意愿，形成良好的经济发展氛围。

二、落实环境保护责任

生态环境保护与环境污染治理对地区经济经济社会发展密切相关。近年来，各级政府、组织对生态环境治理方面作出了重要努力，坚持"青山绿水"的产业经济发展思路。由于淮南市长期以来以资源开采和煤炭相关产品的初加工与处理为主要的生产方式，导致淮南市当前生态环境形势较为恶劣，出现严重的水土流失、地表水严重破坏、地表下沉等系列问题。另外，由于长时间的火力发电，加上化工产业在淮南市占有一定比例，导致淮南市大气、水、土壤等生态环境遭到破坏，环境质量进一步恶化，采煤塌陷区面积持续增长成为淮南市当前最严重生态问题之一。因此，各级政府应该严格落实相关环境保护的法律法规，增强相关检查、检测措施，秉行"谁开发谁治理、谁恢复谁受益"的基本管理原则，鼓励民间资本进入环境保护事业，形成良好的PPP运作模型，因地制宜做好相应的生态恢复与保护工作，不断创新生态环境保护新模式，严格落实环境保护的有效责任。

第七章　结论与展望

第一节　研究结论

为促进资源型城市合理转型，实现资源型城市可持续发展，挖掘资源型城市转型效果、转型机理，预测资源型城市转型发展趋势，因地制宜地提出合理的调控措施、对策。因此，本书将研究选题界定为评价资源型城市转型效果，挖掘资源型城市转型机理，预测资源型城市未来几年内发展水平、以及制定科学合理的资源型调控对策，并且以安徽省淮南市作为实证对象展开研究，得出以下四个基本结论：

一、淮南市整体转型发展过程中，整体转型效果较好，但近年来转型增速不足

本书构建了基于集成学习理论的资源型城市转型效果评价模型，并针对淮南市展开实证研究。在资源型城市转型发展实践活动中，基于数据驱动的时代背景下，通过系统分析，构建资源型城市转型发展综合评价体系，运用新的评价理论与评价方法对资源型成熟转型发展效果展开科学合理的评价。因此，本书基于不同理论指导基础上构造资源型城市转型发展综合评价体系，结合大数据时代背景构建资源型城市转型效果评级体系，综合运用信息熵、支持向量回归、BP 神经网络等方法发，构建基于集成学习的资源型城市转型发展综合评价模型，对淮南市城市转型效果展开科学评价。

二、产业结构、经济发展水平、资源利用与保护水平、居民收入水平、社会保障水平、生态环境保护六个要素对淮南市转型效果有显著性影响

资源型城市转型发展实践活动中受到各方面因素的综合作用与影响。本文通过系统分析，深入挖掘资源型城市转型路径与转型机理研究，考虑到资源型城市转型发展因素中多个因变量相互影响，从城市转型发展整体视角寻找资源型城市转型发展作用路径及其影响大小，通过综合运用结构方程模型、集成学习、潜变量路径分析等理论与方法，构建基于"集成学习——结构方程模型"的资源型城市转型发展路径模型，挖掘淮南市城市转型路径与转型机理。

三、淮南市未来城市转型总体效果均处于 0.7 以上，相比较而言，城市未来发展势头较现在好，预期整体转型效果较好

本书构建了资源型城市转型发展效果预测模型并以淮南市为例展开实证研究。资源型城市转型发展实践活动中各因素本质是一个时间序列数据集，每一影响因素都记录着资源型城市转型发展影响因素的相关信息，从这些资源型城市转型发展的时间序列的数据集中找到对资源型城市转型发展有指导性价值的数据。本书通过系统分析预测资源型城市转型效果，运用新的预测理论与评价方法对资源型城市转型发展效果展开科学的预测成为资源型城市转型发展。因此，本书基于时间序列和知识挖掘基础上寻找资源型城市转型发展未来效果，结合大数据时代背景构建资源型城市转型效果预测体系，构建基于"结构方程模型——时间序列分析"的资源型城市转型发展预测模型，预测出淮南市城市转型未来 5 年内发展趋势。

四、优化产业结构水平、提升经济发展实力、提高资源利用与保护水平以及加强生态环境保护是淮南市城市转型发展首要选择

本书结合本文定量分析相关结论，针对淮南市城市转型提出相关策略。本书主要基于资源型城市竞争优势理论，结合上面关于淮南市城市转型效果评价研究结论、淮南市城市转型机理与路径分析结论以及淮南市城市转型效果预测的相关研究结论，根据淮南市城市基本特征和城市转型基本现状，分别从优化产业结构水平、提升经济发展实力、提高资源利用与保护水平以及加强生态环境保护四个维度对淮南市城市转型发展提供相关建议，为淮南市城市的转型发展提供科学指导。

第二节　研究展望

1. 扩充实证对象。本书在实证研究中，主要针对安徽省淮南市展开案例分析。在我国，资源型城市数量庞大，每一个城市都有其自身特点，因此在未来的研究中应该针对相应的城市展开范围更广的实证研究。

2. 扩充影响因素。本书在实证研究中，主要针对城市发展全要素体系，结合研究数据的可获得性来构建城市转型发展评价指标展开分析。在我国，资源型城市数量发展影响要素错综负责，每一个城市都有其自身特点，因此在未来的研究中应该针对相应的城市展开范围更广影响因素选取与识别工作。

3. 细粒度、高精度数据挖掘。本书在实证研究中，由于实际数据收集存在较大难度，本书主要针对数据获取较易的数据展开实证研究，在大数据时代，各种数据资源传播和分析方法应该更多样化，数据的粒度应该更小，因此在未来的研究中应该综合运用粒度更细的数据展开混合建模。

参考文献

[1] 牛文元. 绿色发展全球进化总趋势什么样？[J]. 环境经济, 2015,
    (4): 1-20.

[2] 付加锋, 郑林昌, 程晓凌. 低碳经济发展水平的国内差异与国际差距评价
    [J]. 资源科学, 2011, 33 (4): 664-674.

[3] 陆大道. 统筹兼顾全面部署资源型城市可持续发展迈入新阶段:《全国
    资源型城市可持续发展规划》专家解读之一 [J]. 资源环境与发展,
    2014 (1): 10-11.

[4] 蒋闯. 基于全要素框架的资源型城市能源效率测度研究 [D]. 北京: 中
    国地质大学, 2017.

[5] 曲娜. 内蒙古煤炭资源枯竭型城市转型效果及影响因素研究 [D]. 呼和
    浩特: 内蒙古师范大学, 2015.

[6] 杨兴.《气候变化框架公约》研究 [D]. 武汉: 武汉大学, 2005.

[7] 史晓云. 资源型城市转型评价指标体系构建研究 [J]. 商业经济, 2012,
    12 (10): 85-87.

[8] 余建辉, 张文忠. 中国资源枯竭城市的转型效果评价 [J]. 自然资源学
    报, 2011, 1 (26): 11-19.

[9] 陈卫民. 资源型城市产业结构调整与优化研究 [D]. 武汉: 武汉大
    学, 2011.

[10] 迪特尔·格罗塞尔. 德意志联邦共和国经济政策及实践 [M]. 上海:

上海翻译出版社，1992.

[11] 焦华富，路建涛，韩世君. 德国鲁尔区工矿城市经济结构的转变［J］. 经济地理，1997，17（2）：104～107.

[12] 周进生，鞠建华，姚钰莹. 以铜陵为中心构建国家级矿业经济实验区问题初探［J］. 中国矿业，2016，22（8）：5－8.

[13] 余建辉，张文忠，王岱. 中国资源枯竭城市的转型效果评价［J］. 自然资源学报，2011，26（1）：11－19.

[14] 中国产业分析. 2016年中国煤炭行业市场现状及发展趋势分析［EB/OL］. http：//www. chyxx. com/industry/201603/399245. html，2016－3－25.

[15] 李文彦. 煤矿城市的工业发展与城市规划问题［J］. 城市规划，1978（1）：1－9.

[16] 韩术合，张寿庭，裴秋明. 资源型城市转型及可持续发展研究综述［J］. 国土资源科技管理，2016（1）：102－109.

[17] 樊杰. 我国煤炭城市产业结构转换问题研究［J］. 地理学报，1993，48（3）：218－225.

[18] 祝遵宏. 资源型城市可持续发展的财政政策研究［J］. 经济问题探索，2008，12（6）：37－40.

[19] 沈镭，程静. 矿业城市可持续发展的机理初探［J］. 资源科学，1999，21（1）：44－50.

[20] 张以诚. 矿业城市与可持续发展［M］. 北京：石油工业出版社，1998.

[21] 支航. 不同类型资源型城市转型的模式与路径探讨［J］. 经济纵横，2016（11）：34－37.

[22] 王青云，李金华. 关于循环经济的理论辨析［J］. 中国软科学，2004（7）：157－160.

[23] 张米尔，孔令伟. 资源型城市产业转型的模式选择 [J]. 西安交通大学学报（社会科学版），2003，23（1）：29－31.

[24] 齐建珍，白翎. 资源型城市发展接续产业研究 [J]. 辽宁经济，2003（12）：4－7.

[25] 吴春莺，徐建中. 对资源型城市经济转型研究若干问题的再认识 [J]. 学术交流，2006（3）：68－70.

[26] 姜春海. 资源枯竭型城市产业转型的财政政策扶持机制研究 [J]. 财经问题研究，2006，12（8）：36－41.

[27] 王青云. 资源型城市经济转型研究 [M]. 北京：中国经济出版社，2003.

[28] 张以诚. 矿业城市概论 [J]. 中国矿业，2005，14（7）：5－9.

[29] 张复明. 资源型经济的形成：自强机制与个案研究 [J]. 中国社会科学，2008（5）：117－130.

[30] 张荣光，付俊，杨劼. 资源型城市转型效率及影响因素：以四川为例 [J]. 财经科学，2017（6）：115－123.

[31] 樊艳萍，牛冲槐. 山西煤炭资源型城市产业转型系统研究 [J]. 系统科学学报，2006，14（2）：95－98.

[32] 钱勇. 东北资源型城市产业转型难题与破解 [J]. 东北财经大学学报，2008，12（1）：36－39.

[33] 郑伯红，廖荣华. 资源型城市可持续发展能力的演变与调控 [J]. 中国人口·资源与环境，2003，13（2）：92－95.

[34] 沈斌，肖华堂. 资源型城市问题演变路径分析 [J]. 改革与战略，2012，28（2）：41－43.

[35] 张以诚. 矿业城市概论 [J]. 中国矿业，2005，14（7）：5－9.

[36] 宋晓梧. 大力促进我国资源型城市可持续发展 [J]. 宏观经济研究，

2006 (3): 3 - 7.

[37] 徐建中, 赵红. 资源型城市可持续发展产业结构面临的问题及对策 [J]. 技术经济与管理研究, 2001 (3): 63 - 65.

[38] 傅利平, 王中亚. 基于 DEA 模型的资源型城市经济发展效率实证研究 [J]. 电子科技大学学报 (社会科学版), 2010, 12 (6): 20 - 23.

[39] 张复明, 景普秋. 资源型区域中心城市的产业演进与城市化发展 - - 以太原市为例 [J]. 中国人口·资源与环境, 2007, 17 (2): 121 - 12

[40] 赵海. 我国资源型城市产业转型研究 [J]. 经济纵横, 2004 (5): 19 - 22.

[41] 宋冬林. 东北老工业基地资源型城市发展接续产业的理论认识 [J]. 求是学刊, 2004, 31 (4): 50 - 54.

[42] 宋冬林. 东北老工业基地资源型城市发展接续产业问题研究 [M]. 北京: 经济科学出版社, 2009.

[43] 中共中央党校课题组. 探索破解资源型城市转型发展难题: 辽宁阜新模式调查 [J]. 经济研究参考, 2008 (34): 34 - 39.

[44] 龙如银, 汪飞. 基于系统观的资源型城市经济转型初探 [J]. 管理学报, 2008, 5 (5): 729 - 732.

[45] 栗滢超, 侯雪娜, 吴冠岑, 等. 基于绿色增长的资源型城市可持续发展研究 [J]. 河南农业大学学报, 2016, 12 (3): 404 - 410.

[46] 张耀军, 成升魁, 闵庆文. 资源型城市转型与旅游资源开发: 以铜川市为例 [J]. 中国人口·资源与环境, 2013, 13 (1): 44 - 48.

[47] 胡爱萍. 成长型资源型城市绿色可持续发展探析: 兼论庆阳市绿色可持续发展的路径选择 [J]. 生产力研究, 2016 (6): 73 - 76.

[48] 任玉琨. 基于博弈模型的资源型城市产业转型分析: 以油气资源型城市产业转型为例 [J]. 经济问题探索, 2009 (4): 55 - 60.

[49] 王焕良，李克忠. 论资源型城市持续发展问题 [J]. 管理世界，1994
（4）：211 - 212.

[50] 周德群，冯本超. 矿区可持续发展模式研究 [J]. 经济地理，2002，22
（2）：231 - 236.

[51] 龙如银. 中国矿业城市可持续发展 [M]. 徐州：中国矿业大学出版
社，2005.

[52] 侯明，张友祥. 资源型城市可持续发展研究综述 [J]. 当代经济研究，
2016（8）：58 - 61.

[53] 周海林. 可持续发展评价指标（体系）及其确定方法的探讨 [J]. 中国
环境科学，1999，19（4）：360 - 364.

[54] 黄溶冰. 资源型城市经济转型：城市经营视角的解读 [J]. 中国行政管
理，2009（2）：75 - 78.

[55] 张友祥，支大林，程林. 论资源型城市可持续发展应处理好的几个关系
[J]. 经济学动态，2012（4）：80 - 83.

[56] 李江苏，王晓蕊，苗长虹. 基于两种 DEA 模型的资源型城市发展效率评
价比较 [J]. 经济地理，2017，37（4）：99 - 106.

[57] 陈旭升. 基于概率神经网络的资源型城市界定 [J]. 哈尔滨理工大学
学报，2003，24（13）：94 - 99.

[58] 尹宗成，丁日佳，赵振保. 基于粗糙集理论的煤炭资源型城市发展水
平综合评价田 [J]. 煤炭学报，2007，32（10）：1112 - 1116.

[59] 孙志明. 吉林省资源枯竭型城市产业转型研究 [D]. 长春：长春理工
大学，2014.

[60] 王素军. 加快资源型城市经济转型的新视角：甘肃省金昌市发展循环经
济的启示 [J]. 环境保护，2010（22）：63 - 65.

[61] 袁俊斌，王恩德，叶永恒. 重工业城市（抚顺）实施清洁生产发展循环

经济实例研究［J］. 生态学杂志, 2004, 23 (6): 116 - 118.

［62］齐中英, 苏树林. 关于资源型城市区域技术创新战略的思考［J］. 数量经济技术经济研究, 2001, 18 (12): 31 - 33.

［63］李树人, 谢承泮. 技术创新与资源型城市产业转型［J］. 科学学与科学技术管理, 2006, 27 (12): 163 - 164.

［64］庞娟. 资源枯竭型城市产业转型的风险规避与产业创新［J］. 城市问题, 2006 (4): 69 - 72.

［65］李泽红. 中国中部地区区域创新模式比较研究［D］. 武汉: 中国地质大学, 2006.

［66］李柏洲, 薛凌. 资源型城市创新系统的特点与构建［J］. 社会科学家, 2008 (5): 59 - 61.

［67］田红娜. 基于因子分析的资源型城市创新体系效能测度研究［J］. 科技管理研究, 2009, 29 (11): 161 - 163.

［68］徐康宁, 韩剑. 中国区域经济的"资源诅咒"效应: 地区差距的另一种解释［J］. 经济学家, 2005 (6): 96 - 102.

［69］刘吕红. 我国资源型城市研究综述［J］. 乐山师范学院学报, 2005, 20 (7): 117 - 121.

［70］康彦彦, 张寿庭. 基于生态足迹的资源型城市可持续发展分析: 以山东省东营市为例［J］. 山东社会科学, 2013 (2): 170 - 173.

［71］顾杰. 论资源型城市转型中的政府转型: 以全国首批资源型城市转型试点城市大冶市为例［C］/ 湖北省行政管理学会 2008 年年会. 2008: 1 - 4.

［72］薛信莉. 资源型城市向生态城市转型中的产业结构调整研究［D］. 南京: 南京航空航天大学, 2006.

［73］王开盛. 我国资源型城市产业转型效果及影响因素研究［D］. 西安:

西北大学，2013.

[74] 曹斐. 政府主导下资源型城市转型的组织机理研究 [J]. 甘肃社会科学 2011，12（2）：198 – 200.

[75] 陈德敏，张瑞，王青. 基于省域空间视角的资源型城市经济转型研究：以重庆市为例 [J]. 软科学，2012，12（5）：81 – 85.

[76] 陈作如，高黎. 资源型城市转型发展中的科技创新战略：以河北迁安为例 [J]. 贵州社会科学，2012，12（5）：88 – 92.

[77] 丁幕，施祖麟. 资源型城市经济转型：以太原为例 [J]. 清华大学学报（哲学社会科学版），2000，24（1）：56 – 60.

[78] 徐君. 基于嫡理论的资源型城市转型与产业演替机理研究 [D]. 成都：西南交通大学，2007.

[79] 赵志超. 资源型城市转型影响因素及促进对策研究：以辽宁省资源型城市为例 [D]. 沈阳：辽宁大学，2016.

[80] 曹一萍. 国外资源型城市转型对于我国资源型城市转型的启示 [J]. 河北经贸大学学报，2016，12（5）：84 – 86.

[81] 陈学章. 国外资源型城市转型的经验与启示 [J]. 湖北师范学院学报（哲学社会科学版），2017，27（3）：47 – 49.

[82] 董锋，龙如银，周德群，环境规制下的资源型城市转型绩效及其影响因素分析 [J]. 运筹与管理，2013，22（1）：171 – 178.

[83] 孔微巍. 法国资源型城市转型中的金融支持模式及借鉴 [J]. 商业研究，2009，12（12）：200 – 202.

[84] 林嵩，姜彦福. 结构方程模型理论及其在管理研究中的应用 [J]. 科学学与科学技术管理，2006，27（2）：38 – 41.

[85] 孙雅静. 资源型城市转型过程中政府职能转型研究 [J]. 中国矿业，2007，12（5）：10 – 12.

［86］ 王艳秋. 资源型城市绿色转型模型构建及影响因素分析［J］. 北方经贸，2013，24（12）：85－86.

［87］ 孙晗. 资源型城市转型发展研究：以临汾市为例［D］. 青岛：中国海洋大学，2012.

［88］ 张福良，余明蔚，李增达，等. 美日国家矿产资源战略及其对中国的借鉴与启示［J］. 可持续发展研究，2015，05（2）：43－50.

［89］ 胡健，焦兵. "资源诅咒"理论的兴起与演进［J］. 西安交通大学学报（社会科学版），2010，30（1）：33－39.

［90］ 宋瑛，陈纪平. 政府主导、市场分割与资源诅咒：中国自然资源禀赋对经济增长作用研究［J］. 中国人口·资源与环境，2014，24（9）：156－162.

［91］ 董利红，严太华. 制度质量、技术和人力资本投入与"资源诅咒"：基于我国省际面板数据的实证机理分析［J］. 管理工程学报，2016，30（4）：18－24.

［92］ 范斐，杜德斌，李恒. 区域科技资源配置效率及比较优势分析［J］. 科学学研究，2012（8）：1198－1205.

［93］ 张炳江. 层次分析法及其应用案例［M］. 北京：电子工业出版社，2014.

［94］ 叶珍. 基于AHP的模糊综合评价方法研究及应用［D］. 广州：华南理工大学，2010.

［95］ 中国系统仿真学会. 大数据时代对建模仿真的挑战与思考［M］. 北京：中国科学技术出版社，2014.

［96］ 蒋艳凰，赵强利. 机器学习方法［M］. 北京：电子工业出版社，2009.

［97］ 杨晓华. 智能算法及其在资源环境系统建模中的应用［M］. 北京：北京师范大学出版社，2005.

［98］朱海娟. 基于混合评价的林业可持续发展评价方法［J］. 统计与决策，2015（9）：64 - 67.

［99］冯柳伟，常冬霞，邓勇，等. 最近最远得分的聚类性能评价指标［J］. 智能系统学报，2017，12（1）：67 - 74.

［100］李祚泳. 可持续发展评价模型与应用［M］. 北京：科学出版社，2007.

［101］丘玮，丘玮，潘怡，等. 机器学习与 R 语言实战［M］. 北京：机械工业出版社，2016.

［102］张浩. 管理科学研究模型与方法［M］. 北京：清华大学出版社，2016.

［103］方敏. 结构方程模型下的信度检验［J］. 中国卫生统计，2009，29（5）：524 - 526.

［104］范如国，张宏娟. 民生福祉评价模型及增进策略：基于信度、结构效度分析和结构方程模型［J］. 经济管理，2012（9）：161 - 169.

［105］潘雄锋，彭晓雪. 时间序列分析［M］. 北京：清华大学出版社，2016.

［106］于孝建，王秀花. 基于混频已实现 GARCH 模型的波动预测与 VaR 度量［J］. 统计研究，2018，12（1）：16 - 29.

［107］姚燕霞. 基于 SOM 网络和时间序列分析的湘潭市智慧城市建设评价［D］. 湘潭大学，2017.

［108］陈莹，王昭，赵剑强，等. 样品数量对径流事件平均浓度估算结果的影响：以时间间隔采样法为例［J］. 中国环境科学，2017，37（2）：620 - 627.

［109］张黎，董晓阳，薛丽. 基于质量损失函数的 ARMA 控制图经济设计［J］. 统计与决策，2017（7）：79 - 82.

［110］孙冠华. ARMA 模型与 bilinear 模型的比较［J］. 统计与决策，2018（1）：27 - 29.

［111］刘源，尹慧萍，朱建平. 基于随机抽取的 AR 模型定阶和参数评估

[J]. 统计与决策, 2016 (24): 16 - 18.

[112] Warren R L. The Community in America [M]. Chicago: Rand McNally College Publishing, 1963: 133 - 142.

[113] Levy R, Harwood D, Florindo F, et al. Antarctic ice sheet sensitivity to atmospheric CO2 variationsin the early to mid-Miocene [J]. Proc Natl Acad Sci U S A, 2016, 113 (13): 3453 - 3458.

[114] Yan J, Chou S K, Chen B, et al. Clean, affordable and reliable energy systems for low carbon city transition [J]. Applied Energy, 2017, 194: 305 - 309.

[115] Markey S, Haslett q Manson D. The Struggle to Compete: From Comparative to Competitive Advantage in Northern British Columbia [J]. International Planning Studies, 2016, 11 (1): 19 - 39.

[116] Anas A, Pines D. Anti sprawl policies in a system of congested cities [J]. Regional Science and Urban Economics, 2008, 38 (38): 408 - 423.

[117] Aguilera A, Wenglenski S, Proulhac L. Employment suburbanization, reverse commuting and travel behavior by residents of the central city in the Paris metropolitan area [J]. Transportation Research Part A, 2015, 43 (6): 685 - 691.

[118] Brueckner J, Largey A. Social interaction and urban sprawl [J]. Journal of Urban Economics 2008. 64 (4): 18 - 34.

[119] Carruthers JL, Selma L, Knaap GJ, Renner RN. Coming undone: A spatial hazard analysis of urban form in American metropolitan areas [J]. Papers in Regional Science 2010. 89 (4): 65 - 88.

[120] Glaeser G Kahn ME. The greenness of cities: carbon dioxide emissions and urban development [J]. Journal of Urban Economics, 2016. 67 (12):

404 - 418.

[121] Gordon L. Density and the Built Environment [J]. Energy Policy, 2008. 36 (8): 4652 - 4656.

[122] Hankey S, Marshall JD. Impacts of Urban Form on Future US Passenger-Vehicle Greenhouse Gas Emissions [J]. Energy Policy, 2015. 38 (6): 4880 - 4887.

[123] Permana AS, Perera R, Kumar S. Understanding energy consumption pattern of households in different urban development forms: A comparative study in Bandung city [J]. Energy Policy, 2008. 36 (12): 4287 - 4297.

[124] Bengtsson M, Johansson M, Clashes between contending market regimes: a challenge for firms in converging industries [J]. European pear Business Review, 2011. 23 (5): 454 - 475.

[125] Broring S, Leker J. Anticipating converging industries using publicly available data, [J]. Technological Forecasting and Social Change. 2010, 77 (3): 385 - 395.

[126] Innis HA. Problems of staple production in Canada. Toronto: University of Toronto Press; 2003.

[127] Robinson J L. Geographical Reviews [J]. American Geographical Review, 1964, 54 (2): 289 - 291.

[128] Lucas R A. Mine town, Milltown, Rail town: Life in Canadian Communities of Single Industry [M]. Toronto: University of Toronto Press, 1971: 31 - 39.

[129] Bradbury, John. Living with boom and bust cycles: New towns on the resource frontier in Canada, Resource communities: Settlement and workforce

issues, 1988, 3 – 20.

[130] Bradbury J H. The impact of industrial cycles in the mining sector [J]. International Journal of Urban and Regional Research, 1984, 8 (3): 311 – 331.

[131] Marsh B. Continuity and Decline in the Anthracite Towns of Pennsylvania. Annals of the Association of American Geographers [J]. 1987, 77 (3): 337 – 352.

[132] Shen, Yu Ming, B. B. Yang, and Y. Zhang. " Study on the eco-environmental problems and its countermeasures in the sustainable development of resources-based cities: a case study of Jining City. " Geographical Research [J]. 2006, 25 (3): 430 – 438.

[133] Yang Y, Ren Z, Zhao X, et al. Ecological safety assesment and countermeasures of resources-based cities in West China: A case study of Tongchuan City [J]. Chinese Journal of Ecology, 2006, 25 (9): 1109 – 1113.

[134] Li H, Long R, Chen H. Economic transition policies in Chinese resource-based cities: An overview of government efforts [J]. Energy Policy, 2013, 55 (249): 251 – 260.

[135] Beck T., Levine R, and Loayza N. Finance and the Sources of Growth [J]. Journal of Financial Economics, 2000, 58 (2): 261 – 300.

[136] C. O' Faircheallaigh Economic base and employment structure in northern territory mining towns [A]. Resource Communities: Settlement and Workforces Issues [C]. Australia, 1988: 221 – 236.

[137] Bradbury J H. The impact of industrial cycles in the mining sector [J]. International Journal of Urban and Regional Research, 2015, 8 (3): 311

-331.

[138] Yuhong Wang, Qin Liu, Jianrong Tang, Wenbin Cao. Optimization approach of background value and initial item for improving prediction precision of GM (1, 1) model [J]. Journal of Systems Engineering and Electronics, 2014, 12 (1): 77 - 82.

[139] Lucas R A. Mine town, Mill town, Rail town: Life in Canadian Communities of Single Industry [M]. Toronto: University of Toronto Press, 1971: 31 - 39.

[140] Warren R L. The Community in America [M]. Chicago: Rand McNally College Publishing, 1963: 133 - 142.

[141] Yu C, Li H, Jia X, et al. Improving resource utilization efficiency in China's mineral resource-based cities: A case study of Chengde, Hebei province [J]. Resources Conservation & Recycling, 2015, 94 (1): 1 - 10.

[142] Bradbury J H. St-Martin I. Winding down in a Qubic town: a case study of sehefferville [J]. The Canadian GeograPher, 2013, 27 (2): 128 - 144.

[143] Wan L, Ye X, Lee J, et al. Effects of urbanization on ecosystem service values in a mineral resource-based city [J]. Habitat International, 2015, 46: 54 - 63.

[144] Gu J J, Guo P, Huang G H, et al. Optimization of the industrial structure facing sustainable development in resource-based city subjected to water resources under uncertainty [J]. Stochastic Environmental Research & Risk Assessment, 2013, 27 (3): 659 - 673.

[145] Ren Y, Lou Y, Huang L. The selection for leading industry of resource-based city in Daqing basing on the Grey relation system [C] / Intelligent

Control and Automation, 2008. Wcica 2008. World Congress on. IEEE, 2008: 4917 - 4924.

[146] Cao Y, Bai Z, Zhou W, et al. Analyses of traits and driving forces on urban land expansion in a typical coal-resource-based city in a loess area [J]. Environmental Earth Sciences, 2016, 75 (16): 1191.

[147] Yang X, Jiao H, Jili X U. Study on the evolution model, process and influence factors of the coal resource-based cities' spatial structure: A case study of Huainan city [J]. Geographical Research, 2015, 34 (3): 513 - 524.

[148] Braun T, Fung B C M, Iqbal F, Shah B. Security and Privacy Challenges in Smart Cities [J]. Sustainable Cities and Society, 2018, 64 (11): 74 - 87.

[149] Cáceres N, Malone S W. Optimal Weather Conditions, Economic Growth, and Political Transitions [J]. World Development, 2015, 66 (25): 16 - 30.

[150] Letiche J M. Positive economic incentives: New behavioral economics and successful economic transitions [J]. Journal of Asian Economics, 2006, 17 (5): 775 - 796.

[151] Li B, Dewan H. Efficiency differences among China's resource-based cities and their determinants [J]. Resources Policy, 2017, 51 (10): 31 - 38.

[152] Li H, Long R, Chen H. Economic transition policies in Chinese resource-based cities: An overview of government efforts [J]. Energy Policy, 2013, 55 (5): 251 - 260.

[153] Li L, Liu J, Long H, de Jong W. Economic globalization, trade and forest transition-the case of nine Asian countries [J]. Forest Policy and Econom-

ics, 2017, 76 (5): 7 –13.

[154] Lipowicz A, Szklarska A, Mitas A W. Biological costs of economic transition: Stress levels during the transition from communism to capitalism in Poland [J]. Economics & Human Biology, 2016, 21 (8): 90 –99.

[155] Liu Y, Fu B, Zhao W, Wang S, Deng Y. A solution to the conflicts of multiple planning boundaries: Landscape functional zoning in a resource-based city in China [J]. Habitat International, 2018, 10 (7): 80 –90.

[156] Long R, Chen H, Li H, Wang F. Selecting alternative industries for Chinese resource cities based on intra-and inter-regional comparative advantages [J]. Energy Policy, 2013, 57: 82 –88.

[157] Loorbach D A. Exploring the economic crisis from a transition management perspective [J]. Environmental Innovation and Societal Transitions, 2013, 6 (5): 35 –46.

[158] Lv Z, Li X, Wang W, Zhang B, Hu J, Feng S. Government affairs service platform for smart city [J]. Future Generation Computer Systems, 2018, 81 (1): 443 –451.

[159] Maye D. 'Smart food city': Conceptual relations between smart city planning, urban food systems and innovation theory [J]. City, Culture and Society, 2018, 24 (2): 41 –51.

[160] Mitchell C J A, O' Neill K. The Sherriff Creek Wildlife Sanctuary: Further evidence of mine-site repurposing and economic transition in northern Ontario [J]. The Extractive Industries and Society, 2017, 4 (1): 24 –35.

[161] Monios J, Bergqvist R, Woxenius J. Port-centric cities: The role of freight distribution in defining the port-city relationship [J]. Journal of Transport

Geography, 2018, 66 (1): 53 – 64.

[162] Qiping R. Circular Economy Action Programs and Countermeasures for Small and Medium-sized Resource-based Cities of China-Case Study of Zibo City of Shandong Province [J]. Energy Procedia, 2011, 12 (5): 2183 – 2188.

[163] Romano A, Scandurra G, Carfora A. Probabilities to adopt feed in tariff conditioned to economic transition: A scenario analysis [J]. Renewable Energy, 2015, 83 (7): 988 – 997.

[164] Sørensen K H, Lagesen V A, Hojem T S M. Articulations of sustainability transition agency. Mundane transition work among consulting engineers [J]. Environmental Innovation and Societal Transitions, 2018, 13 (1): 88 – 99.

[165] Schultz P T. Fertility Transition: Economic Explanations. International Encyclopedia of the Social & Behavioral Sciences (Second Edition) [M]. Oxford: Elsevier, 2015.

[166] Sierra C A. Monitoring ecological change during rapid socio-economic and political transitions: Colombian ecosystems in the post-conflict era [J]. Environmental Science & Policy, 2017, 76 (14): 40 – 49.

[167] Cao S, Li S, Ma H, et al. Escaping the resource curse in China [J]. Ambio, 2015, 44 (1): 1 – 6.

[168] Cori A, Monni S. Neo-extractivism and the Resource Curse Hypothesis: Evidence from Ecuador [J]. Development, 2017, 58 (4): 1 – 14.

[169] Shaw A J, Lam F H, Hamilton M, et al. Metabolic engineering of microbial competitive advantage for industrial fermentation processes [J]. Science, 2016, 353 (6299): 583.

[170] Wan L, Ye X, Lee J, et al. Effects of urbanization on ecosystem service values in a mineral resource-based city [J]. Habitat International, 2015, 46: 54 – 63.

[171] Peng K, Li W, Cheng R, et al. An application of system dynamics for evaluating planning alternatives to guide a green industrial transformation in a resource-based city [J]. Journal of Cleaner Production, 2015, 104: 403 – 412.

[172] Tao Z, Xue X, Guan J. Efficiency Characteristics Analysis of Tourism Industry in China Based on the Method of DEA [J]. Acta Geographica Sinica, 2010, 65 (8): 1004 – 1012.

[173] Izady A, Davary K, Alizadeh A, et al. Groundwater conceptualization and modeling using distributed SWAT-based recharge for the semi-arid agricultural Neishaboor plain, Iran [J]. Hydrogeology Journal, 2015, 23 (1): 47 – 68.

[174] Idiodi J O A, Onate C A. Entropy, Fisher Information and Variance with Frost-Musulin Potenial [J]. Communications in Theoretical Physics, 2016, 66 (9): 269 – 274.

[175] Don H. On the distribution of the distances of multiples of an irrational number to the nearest integer [J]. Acta Arithmetica, 2009, 139 (3): 90 – 95.